Seelenheil

Endlich!!

Vor - Vorwort

Wir als Familie bringen dieses Buch heraus, weil es uns und unserer lieben Verstorbenen sehr wichtig war / ist.

Ihr, weil es ihr größter Wunsch war und uns, um mit der Trauer und dem Verlust besser umgehen zu können und sie nach ihrem Tode noch besser kennenlernen zu dürfen.

Wir haben hiermit ein Stück von ihr nicht nur mitten in unserem Herzen, sondern auch noch in den Händen und können es jedem zeigen, der uns wiederum wichtig ist.

Die letzten Tage waren so intensiv, wie keine andere Zeit in unserem gemeinsamen Leben. Wir besitzen ein Skript, ein paar wenige einzelne Blätter, die wir nach dem Tode hier und dort fanden und einige persönliche Briefe und Gedichte. Aus diesem ganzen Material fertigten wir dieses Buch, welches hoffentlich nicht nur uns, sondern auch den Lesern gefällt.

Wir als Familie möchten dieses gute Stück der Palliativ Station des Heinsberger Krankenhauses widmen. Das Personal dort hat uns in der schwierigsten Zeit begleitet. Hat uns niemals weggeschickt, uns niemals das Gefühl gegeben, unerwünscht zu sein. Wir dürften uns 5 Tage und 4 Nächte in ihren Räumen „ausbreiten", um unserer geliebte Frau - Mutter - Oma zu begleiten. Die richtigen Worte, zur richtigen Zeit, eine Umarmung oder auch nur ein Lächeln im Vorbeigehen, das war es, was uns geholfen hat. So viele nette Menschen auf einen Haufen, die täglich mit dem Tode arbeiten und trotzdem so voller Leben und Liebe sind!

Wir danken Euch!!

Aber nun folgen die Zeilen, die ich auch erst nach dem Tode von G. W. zu sehen bekam. Zwischendurch und am Ende werde ich mich nochmal zu Wort melden. Aus Wahrung der Privatsphäre, verwende ich das ganze Buch über den Zweitnamen und ihren Rufnamen werde ich immer mit einem G. abkürzen, denn auch so hat sie ihre Gedichte unterschrieben.

Vorwort

Mein Name ist G. Marie W., ich werde versuchen alle Zeilen und Worte so gut es geht nieder zu schreiben. Mein Leben war von Missbrauch, Zerstörung in der 1. Ehe, Erziehung eines behinderten Jungen, eine 2. Ehe, die glücklich war und zum Ende meines Lebens und meiner Krebserkrankung steht, bestimmt.

Darum widme ich dieses Buch meinen Ehemann Jürgen, der an meiner Seite war und meinem Sohn Stefan, der ein wundervoller Mensch ist.

Die Sonne am Himmel

Du bist wie die Sonne am Himmel
Warm und weich ist Dein Herz.
Du bleibst auch deshalb in meinem
Auf immer und ewig fest.
Du raubst mir oft meine Sinne,
doch dem geb ich mich gerne hin.
Du bist wie die Sonne am Himmel.
Lass uns schweben auf Wolken dahin.
Für immer und ewig zusammen.
Nur das hat für uns einen Sinn.
Du bist wie die Sonne am Himmel

Die Sonne strahlte goldgelb auf das staubige, seit Monaten nicht mehr geputzte Fenster des katholischen Jugendheims ihrer Heimatstadt. Warm und wohlig war es G. ums Herz, obwohl sie ein kummervolles, aufreibendes Leben führte. Traurigkeit und Angst überschattete ihre Seele, von ihrem Körper ganz zu schweigen, der meist mit Schmerzen jeglicher Art befallen war. Es war Freitagabend, wie immer war dieser Abend der Anonymen Alkoholiker Gruppe gewidmet.

Dort trafen sich Alkoholiker und ihre Angehörigen zu einem wöchentlichen Meeting. Hier tauschten sie sich aus, gaben sich Ratschläge, spendeten sich gegenseitig Trost, um manchmal die nächste Woche überstehen zu können. In ganz schlimmen Situationen gab es immer eine Telefonnummer, die man anrufen konnte. Es ist nicht immer leicht, das Richtige zu sagen. Frage und Antwortspiele dagegen waren ein Klacks. Feingefühl, aber auch Härte waren hier gefragt.

G. (wir nennen sie ab hier nun einfach Marie) war nun schon seit 10 Jahren mit einem Alkoholiker verheiratet. Höhen und Tiefen, Schmerz, Qual und Leid begleiteten sie in dieser Ehe, die sie nicht beenden konnte. Die Angst um sich und ihre Kinder war zu groß. Alles verlieren zu können, vielleicht sogar ihre Kinder.

Plötzlich stand ein Mann im Flur, um die vierzig, stark angetrunken, etwas unsicher. Mit hilfesuchenden Augen blickte er hin und her, um jemanden zu finden, der ihn davon abhielt, wieder zu gehen, der ihn hinderte fluchtartig dieses Gebäude der Ungewissheit zu verlassen.

In diesem Moment rauschte Marie mit Schwung aus der Küche, mit Kaffeekannen in den Händen haltend und stürzte an dem Mann vorbei, sich kurz seitlich umdrehend, um zu sehen, in welcher Verfassung er sich befand. Es war ein neues Gesicht, ein Fremder, der noch nie da war. Schnell stellte sie die Kannen ab und ging mit schnellem Schritt geradewegs auf ihn zu. Er schaute Marie mit trüben Hundeaugen an. Freundlich begrüßte Marie ihn, fragte nach seinem Namen, bevor die Auskunft und der Grund er Gruppe besprochen wurde. Zögernd und lallend antwortete er: „Ich heiße Jürgen. Wollte mal hören, was hier gemacht und geredet wird!" „Ich heiße Marie!", erwiderte sie und schaute ihm dabei fest in die Augen. Warmherzig erklärte sie diesem Jürgen, knapp und präzise, wie so ein Treffen ablief und dass er auch ganz ruhig bleiben kann und auch die Möglichkeit bestand, dass er sich erst einmal alles in Ruhe anhört.

Plötzlich, aus heiterem Himmel, fing ihr Herz an schneller zu schlagen, die Beine begannen zu zittern, so als würde der Boden unter ihren Füßen wegrutschen. Schnell drehte sie sich um und ging weg, ließ diesen Jürgen einfach so dort stehen.

Fassungslos über sich selber stand sie im Nebenraum am Fenster. „Was ist das?" fragte sie sich. So etwas hatte sie noch nie erlebt. Dass ein fremder Mann so ein Gefühl in ihr auslösen konnte. Normalerweise hielt sie immer genügend Abstand, aber dieses Mal war es anders. Sie begann zu träumen, ohne zu merken, dass die anderen bereits kamen. Was für ein Mann – groß, graue Schläfen, eine liebevolle Ausstrahlung, mit stahlblauen Augen, die sie immer noch ansehen - in ihren Gedanken. Welche eine Verwirrung löste er in ihr aus? Das kannte Marie überhaupt nicht. Jetzt musste sie sich aber auf das Meeting konzentrieren, denn immerhin leitete sie dieses. Die Vorstellungsrunde war gemacht. Wer wollte, konnte nun erzählen, was ihn bedrückte.

Durch das laute Geplapper der anderen war die Wirklichkeit wieder schnell da, doch Marie konnte heute keinen klaren Gedanken fassen und entwich wieder in die andere Welt.

Sie hörte nichts mehr von dem, was gesprochen wurde, sie flog in diesem Traum weg von Angst und Qual. Ein leichtes sanftes Lächeln legte sich auf ihr Gesicht, ihre Wangen waren leicht gerötet und ihre Augen halb geschlossen. Sie fühlte sich wohl in dieser anderen Welt, in die sie so oft entfloh. Fast am Ende des Meetings berührte Marianne, die auch wöchentlich kam, ihre Schulter und fragte: „Hey, wo bist Du mit Deinen Gedanken? Geht es Dir nicht gut?"

Mit einem Schreck erwachte sie aus ihrem Tagtraum, in dem sie mit Jürgen, in einem langen, weißen Kleid, mit Blumenkranz im Haar, über eine große Wiese lief, die mit bunten Blumen übersät war und nie enden wollte. Erschrocken und mit hochrotem Kopf antwortete sie: „Es ist alles in Ordnung!"

Nach den Aufräumarbeiten im Jugendheim stand Peter, Maries Mann, grimmig im Flur, böse schauend, nichts sagend und wartete auf sie. Doch Gerda lächelte, zwar mit groß aufgerissenen Augen, unsicher in ihrer Stimme und fragte: „Können wir jetzt nach Hause fahren?" Er antwortete nur mit einem einfachen „Ja!"

Ihre Kinder musste sie für die Zeit immer alleine zu Hause lassen, dies machte sie manchmal unsicher. Ob auch alles in Ordnung war bei den Beiden. Ihn belastete dies gar nicht. Sein grimmiger Blick und die heruntergezogenen Augenbrauen waren angsteinflößend. Schnell ging Gerda den Korridor entlang, an den anderen vorbei, auch an diesem Jürgen. Wieder klopfte ihr Herz zum Zerspringen.

Im Auto sitzend, hinausschauend in die dunkle Nacht, dachte Gerda über sich und ihr Leben nach. Die Autos und Straßenlaternen zogen nur an ihr vorbei. Wieder kam die Angst, was kommt nun zu Hause auf sie zu. Sie wollte so gerne einen Mann zum Anlehnen, keinen der immer Streit suchte, um mit seinen Problemen fertig zu werden.

Als das Auto vor ihrem Haus, welches sie 1980 bezogen hatten, anhielt, stieg sie aus und ging ohne ein Wort hinein. Peter kam auch gleich und geradewegs ins Wohnzimmer. An seinem Gesichtsausdruck konnte man erkennen, dass er wiedermal keine gute Laune hatte und eine Auseinandersetzung im Anzug war. Nach so vielen Jahren, konnte sie in seinem Gesicht lesen, war er ärgerlich oder nicht. Irgendjemand hatte ihm wohl im Meeting etwas gesagt, was ihm nicht passte. Das war fast ein Verbrechen, wenn jemand so etwas wagte. Er selber war allerdings in solchen Momenten nicht in der Lage, demjenigen Paroli zu bieten. Dies nahm er grundsätzlich mit nach Hause.

Da die Kinder schon schliefen, versuchte Marie einem Streit aus dem Weg zu gehen. „Ich bin müde, es war ein langer Tag. Lass uns ins Bett gehen!" Sie gingen auch gleich nach oben, doch auf der Treppe zeigte Peter, was er wollte. Wenn nicht im Streit, dann reagierte er sich so ab. Ein Tauschmanöver kam also heute nicht in Frage, sonst würde der Streit doch noch stattfinden. Er war schon verärgert genug, weshalb auch immer. Türen schlagen und Beleidigungen, ließen sie merken, dass das Unvermeidliche geschehen musste. Traurig und angewidert zugleich.

Tränen rannen über ihr Gesicht, denn wie fast immer, war es nur ein Akt, um SEINE Befriedigung und Lust zu stillen. Als es endlich vorbei war, Peter hatte sich schon schlafend zur Seite gelegt, spürte

Marie wieder diese große, schwarze Leere in sich, aber auch, an dieser Situation schuldig zu sein. Das macht sie sehr oft, denn es hieß immer, Frauen sind für das Seelenheil ihrer Männer verantwortlich und zuständig. Trotzdem fühlte sie sich schmutzig, nicht geliebt und oft ausgeweidet, wie ein Tier. Einsam und alleine versteckte sie sich unter ihrer Decke und weinte haltlos, bis die Erschöpfung und der Schlaf über sie kam. Unruhig, von Alpträumen geplagt, wachte sie am Morgen mit verquollenen Augen, müde und schwach auf. Aber ihre beiden Söhne, Stefan und Daniel forderten sie. Der Älteste, Stefan, ging schon in den Kindergarten und der Kleine, ihr Sorgenkind, der mit einer Behinderung geboren wurde, brauchte viel Zeit und Pflege. Stefan dagegen war ein gesunder Junge – blonde Haare, zierliche Figur, ein Junge zum Anfressen, aber seine Art unnahbar. So klein wie er war, spürte er alles und sah sehr viel!

Beim Frühstück sitzend, Klein Daniel, der sie fröhlich anlächelte und vor sich hin brabbelte, war ihre Traurigkeit erst mal verflogen. Er schaffte es immer, ihr ein Lächeln zu entlocken. Als dann auch noch ein Sonnenstrahl ihre Nase küsste, tauchte plötzlich wieder das Gesicht dieses Mannes auf. Auf einmal fühlte sie sich frei, aber warum? Durfte Marie in diesem Augenblick an diesen Fremden denken? Was hatte er mit seinem Blick, mit seinen trüben vom Alkohol gezeichneten Augen bei ihr ausgelöst. Sie kannte diesen Jürgen doch gar nicht, wusste auch überhaupt nichts von ihm, weder wo er wohnt, noch ob er Familie hatte oder Kinder. Im Innersten aber war dieses Gefühl da, einem liebenswerten, zärtlichen Mann begegnet zu sein. Könnte sie denn einfach so alles wegwerfen?

Der Morgen verging sehr schnell, mit Arbeit eingedeckt und immer die Angst im Nacken, wenn Peter nach Hause kommt. Wie wird er sein, gut gelaunt oder nicht? Schnell holte sie um 12 Uhr Stefan aus dem Kindergarten und fing dann an zu kochen. Gegen 14:30 Uhr ging die Haustüre auf, Marie war mit den Kindern in der Küche, denn das Essen musste pünktlich fertig sein. Unruhig klapperte sie mit den Töpfen.

Stefan guckt auch sofort um die Ecke und schaute seinen Vater an. Dieser aber beachtete ihn gar nicht, stellte seine Tasche ab und setzte sich mürrisch an den Tisch. Er aß in Windeseile und verließ fast ohne ein Wort zu sprechen das Haus. So konnten die anderen in Ruhe zu Ende essen und sogar Stefan aß seinen Teller fast leer. Er war nämlich ein schlechter Esser. Nach dem Abwasch gingen sie etwas spazieren und zu den Großeltern. Die durften natürlich auch von allem nichts merken. Aber im schauspielern war Marie fast ganz groß und die Kinder sagten auch nichts. Die waren fröhlich, denn sie waren gerne dort. Am späten Nachmittag gingen die drei dann wieder nach Hause. Marie versorgte die Kinder, badete sie und sie aßen zusammen zu Abend. Als Peter dann nach

Hause kam, waren die Kinder schon im Bett. Er verhielt sich ruhig, lächelte sogar ein wenig. Wer weiß, wo er war? Dann würde er sie heute in Ruhe lassen. Sie saßen beide im Wohnzimmer, vor dem Fernseher und keiner sprach ein Wort. Marie wollte gar nicht wissen, wo Peter den ganzen Nachmittag gewesen war. Gegen zehn Uhr ging sie ins Bett, er blieb noch auf und schaute den laufenden Film zu Ende.

Die halbe Nacht lag sie wach und schwelgte in Phantasien, ob sie aus dieser Ehe ausbrechen sollte und was aus den Kindern werden würde. Was würde mit dem Haus passieren, nein das kann sie auf keinen Fall machen, auch bei allen Beleidigungen, die sie ertragen musste. Denn dass sie nichts taugt und nichts wert ist und kalt ist, wie ein Fisch, hörte sie ja oft genug. Existenzangst ist eine schlimme Angst, die hatte sie auch zu genüge. Würde sie das alles schaffen – immer wieder diese Gedanken bis sie einschlief. Die nächste Woche war jedoch anstrengend, mit Pflichten die da waren. Arztbesuche, Krankengymnastik mit Daniel, Schwimmen, Haushalt und anderen Dingen bis spät in die Nacht. Sie wollte bloß nicht ihre Kinder vernachlässigen, dies war für sie eine große Aufgabe, denn ihre Kinder waren ihr ein und alles. Obwohl sie auch oft ungehalten und ungerecht war, dann war Stefan oft der Prellbock für ihre Unzulänglichkeit. Er konnte nichts für all ihre Probleme. Manchmal dachte sie dann, dass all dieses Leid ein Ende haben musste – aber wie? Es gab nur einen Weg, aber den schob Marie immer vor sich hin. Sie hatte viel zu viel Angst jemandem davon zu erzählen, diejenigen könnten ja denken, sie wäre nicht erwachsen genug, um ihr Leben zu meistern. Das wollte sie auf keinen Fall.

Der Vater der beiden Kinder, der keiner war, war viel unterwegs, also nicht viel zu Hause, für nichts zuständig. Er verbrachte seine Zeit mit anderen Dingen und überließ alles Marie. Haus, Haushalt, Kinder, Renovierungen, für alles war er nicht zuständig. Trinken und andere Dinge waren wichtiger. Der Versuch alles zum Besten zu regeln, gelang ihr nicht immer. War das Sinn ihres Lebens, so hatte sich Marie das nicht vorgestellt, als sie Peter im November 1973 heiratete.

Liebe, Leid und Seeligkeit,
doch wir sind mit einander vereint.

Glaube, Hoffnung teilen wir,

unsre Liebe geben wir in die Hände Gottes.

Denn das ist der beste Weg,

seinen eigenen Weg zu gehen.

Er, der alles von uns weiß,

Damals mit 15 Jahren lernten sie sich auf der Kirmes kennen. Ihre Eltern hatte sie das erste Mal zum Tanzen mitgenommen. Aufgeregt und mit viel Freude gingen sie zu dritt am Samstagabend ins Zelt. Sie saßen mit ein paar Nachbarn an einem Tisch und es wurde viel gelacht. Dann kam plötzlich ein Fremder, etwas älterer Mann auf sie zu und forderte Marie zum Tanzen auf. Da sie noch etwas schüchtern war, wollte sie nicht mit ihm tanzen, aber ihr Vater zwinkerte ihr zu. Dann ließ sie sich doch auf die Tanzfläche führen, immer sich umschauend, ob jemand von den anderen sie beobachtete. Eigentlich wollte sie viel lieber mit ihrem Vater tanzen, der aber tanzte nur mit ihrer Mutter. Mit traurigem Blick schaute sie den beiden zu, ihre Mutter hatte sie wohl im Blickwinkel beobachtet und sagte ihrem Vater, dass er auch mal mit ihr tanzen solle. Nachdem die Kapelle eine Pause gemacht hatte, die ersten Töne des Liedes erklangen, stand ihr Vater auf, nahm sie an die Hand und führte Marie auf die Tanzfläche. Es war ein langsamer Walzer, den hatte ihre Mutter ihr beigebracht. Sie war so stolz. Das war ein Abend, wo sie alles Schlimme vergessen konnte. Das hatte sie sich schon so lange gewünscht, beschützt in den Armen ihres Vaters zu sein. Er drehte und drehte sie, bis die Musik zu Ende war, dann brachte er Marie wieder zum Tisch. Eine kleine Verbeugung und er setze sich auch wieder hin.

Beim nächsten Lied, was gespielt wurde, stürzte ein junger Mann auf sie zu, er wollte wohl dem anderen Bewerber zuvor kommen. Er forderte Marie auf, ganz höflich und zuvorkommend. Beim Tanzen stellte er sich vor. „Ich heiße Peter", sagte er. „Und wie ist Dein Name?" – „Ich heiße Marie", antwortete sie. Und sie tanzten den ganzen Abend miteinander. Peter gefiel ihr auf Anhieb, ihrem Vater nicht so sehr, denn er forderte schließlich seine Tochter zum Tanzen auf.

Er beobachtete alles ganz genau und ließ die Beiden nicht aus den Augen. Aber für Marie war das ein schönes Gefühl, jemand beachtete sie, anders als sie es gewohnt war. Glanz war in Peters Augen und ein Lächeln auf seinem Mund. Er hielt sie fest im Arm beim Tanzen und schob sie über die Tanzfläche, von einer Seite zur anderen. Er war gut erzogen und gekleidet, nett und lustig. Immer wieder brachte er Marie brav zum Tisch zurück. Doch die Eltern waren davon nicht so begeistert. Sie wollten ihre Tochter natürlich noch beschützen, sie war im Auguste erst 15 Jahre alt geworden. Aber jeder sehnt sich irgendwann nach jemanden, der einem alleine gehört, zuhört und Zeit hat. Sie war doch immer so einsam und allein. Der Abend ging sehr schnell vorbei und ohne Verabschiedung, musste sie mit den Eltern nach Hause.

Als sie in ihrem Bett lag, waren die Gedanken nur bei ihm. Nie mehr allein und jemanden zu haben, der sie wirklich lieben würde. Diese Gedanken ließen sie nicht in den Schlaf kommen. Sie steigerte sich in eine Hoffnung hinein, ihn für sich ganz alleine zu haben. Die ganze Woche überlegte sie, wie sie am besten, schon am nächsten Wochenende, Ausgang bekäme, denn ihr Vater war sehr streng. Deshalb erzählte Marie, dass sie mit ihren Freundinnen das Kino besuchen wollte, aber die Disco war das eigentliche Ziel. Vielleicht würde Peter da sein und sie konnte ihn wiedersehen. Sie hatte ein schlechtes Gewissen, denn Lügen waren nicht gestattet bei ihrem Vater, aber die Versuchung ihrem Herzen zu folgen, war stärker.

Die Mädchen zogen also am nächsten Sonntagsnachmittag los. Als sie die Disco betraten, schaute Marie sich um. Es war kein bekanntes Gesicht da, vor allem nicht das, was sie suchte. Doch dann kam er, leichtfüßig, ein Glas Bier in der Hand und ein Lächeln auf dem Gesicht. Peter schaute ihr direkt ins Gesicht, aber keiner der Beiden traute sich den Anfang zu machen. Der Nachmittag war bald vorbei, die Zeit verging wie im Fluge und es hatte immer noch keine Annäherung gegeben. Traurig blickte Marie durch die Runde der Diskothek. Ihre Freundinnen hatten etwas Mitleid mit ihr, denn die hatten ja schon einen Freund. Erika war mit Felix zusammen und Iris mit Frank. Die aber saßen in der Ecke und knutschten die ganze Zeit rum. Da stupste Iris Erika an und zeigte mit dem Finger auf Marie, die mit traurigem Blick da stand. Erika stand auf, ging leichten Fußes über die

Tanzfläche, denn dort stand Peter und blickte ebenfalls in die Runde. Erika sprach ihn einfach an, verwickelte ihn in ein Gespräch. Nach einer kurzen Weile winkte sie Marie, sie solle zu ihr kommen. Mit rotem Kopf und etwas schüchtern ging sie langsam auf die Beiden zu. Dann war erstmal Funkstille und keiner sagte etwas. Auf einmal schickte Peter Erika ein paar Zigaretten holen. Lächelnd nahm sie sein Geld und ging los. Als sie mit den Zigaretten zurück kam und Peter gab, nahm Marie all ihren Mut zusammen und versuchte ihm die Zigaretten wegzunehmen. Er wehrte sich und hielt sie auf dem Rücken in einer Hand. Jetzt, die Gelegenheit war da, sie umschlang seinen Körper und wollte so die Hand mit den Zigaretten erreichen. Lachend und albernd spielten sie dieses Spiel, bis Peter plötzlich beide Arme nach vorne zog und Marie so gefangen war - von seinen Armen fest umklammert. Peter fragte lächelnd: "Und nun?" Aber sie war stumm, teils vor Aufregung, teils vor Schüchternheit, die sie in Windeseile wieder eingeholt hatte. Auf einmal spürte sie seine Lippen auf den ihren, seine Zunge war in ihrem Mund. Das, nein das hatte sie nicht gewollt und zog ihren Kopf zurück.

Langsam fing er an mit ihr zu tanzen, sie weiterhin fest umarmend und küsste sie ein zweites Mal. Dieses Mal ließ sie es einfach geschehen und vergaß alles um sie herum. Plötzlich tippte Erika ihr auf die Schulter: "Wir müssen nach Hause, sonst kommen wir zu spät!" Zu spät kommen ging gar nicht, denn 18 Uhr war Zapfenstreich. Pünktlichkeit war oberstes Gebot zu Hause. Ein schneller Abschied und ein verabreden für den nächsten Sonntag, dann im Laufschritt nach Hause.

Zwei Tage später, als Marie abends aus dem Zug stieg, denn sie hatte mittlerweile eine Ausbildung in einem Bekleidungsgeschäft begonnen, stand Peter dort, um sie abzuholen. Überglücklich, mit strahlenden Augen, küsste und umarmte sie ihn, als wenn sie schon ewig zusammen wären. Von da an waren sie unzertrennlich. Es folgten viele Unternehmungen, wie mit seinem kleinen Motorrad ins Grüne zu fahren, auf der Wiese zu liegen und zu träumen, glücklich zu sein. Beide konnten ihrem Elternhaus entfliehen und noch ohne einen Hintergedanken an ein sexuelles Verhältnis, denn das wollte Marie zu dem Zeitpunkt noch nicht. In ihr befand sich immerhin ein großes Geheimnis, von dem sie noch nicht erzählen mochte.

Obwohl ihre Eltern für alle Kinder da waren, trotz vieler Arbeit, denn der Vater hatte einen Haupt- und Nebenjob. Die Mutter war Hausfrau, mit der Familie voll beschäftigt, denn die Großeltern lebten ebenfalls bei ihnen und mussten teilweise gepflegt werden. Marie hatte oft das Gefühl im Abseits zu stehen in der eigenen Familie. Als Zweitälteste von Vieren, musste sie oft die Mutter unterstützen. Sie musste den Garten pflegen oder auf ihre Geschwister aufpassen. Keiner bemerkte ihr Weinen in der Nacht, ihre Alpträume und ihre

Traurigkeit, die sie oft umgab. In einer Familie aufzuwachsen, mit 3 Geschwistern und den Großeltern dabei, war sehr beengend.

Die Oma, eine liebe alte Frau, kränklich und oft ans Bett gefesselt. Der Opa, ein schwergewichtiger Mann, ein Hausdrachen, wie er im Buche steht. Fast immer betrunken, herrsüchtig über die ganze Familie. Jeder kuschte sofort und wünschte sich Hausfrieden, der nie da war. Aber jeder ging seinen Aufforderungen nach und hielt den Mund. Außer Marie! Sie versuchte seiner Nähe zu entfliehen. Wie er sie letztendlich in seinen Bann gezogen hatte, konnte sie nicht wissen, denn als die Großeltern mit ins Haus zogen, war sie erst 3 Jahre alt. Deshalb kann sie auch nicht mit Gewissheit sagen, wann ihr schlimmstes Leid in ihrem Leben überhaupt genau begonnen hat.

An das erste Mal kann sie sich nicht erinnern, dafür war sie zu klein, aber irgendwann merkte sie schon, dass es nicht richtig war, aber da hatte er sie schon so unter Druck gesetzt, dass sie es nicht verstand, sondern nur noch Angst hatte. Angst vor dem Kinderheim, vor der Polizei. Immer fand er einen Weg, an sie heran zu kommen, ihr zu befehlen, ihr Höschen auszuziehen. Wenn sie dann in sein Gesicht schaute, ekelte es sie, denn ihm lief der Sabber aus dem Mund und sie musste ihn auch noch Küssen, so wie eine Frau einen Mann küsste. Aus panischer Angst machte sie wirklich alles, was er von ihr verlangte. Niemand in der Familie wusste davon, dass dieser alte, eklige Greis, seine eigene

Enkelin sexuell missbrauchte. Sie wusste ja auch nicht, dass er sie da anfasste, wo er nichts zu suchen hatte oder das er sie auch mit nahm zu seinen Freunden, mit denen er immer Kaninchen tauschte. Einmal als er wieder mit ihr zu diesem Freund fuhr, in den Hinterhof des Hauses, wo sich auch ein Stall befand, sperrten sie die Türe mit einem Riegel zu.

Sie sollte ihr Höschen ausziehen und dieser Herr Hasenpfusch sollte sie anfassen und der Alte wollte zuschauen. Marie fing an zu weinen, ihr Herz schlug bis zum Hals, sie wollte nur weg, einfach nur weg, aber wie. Zwei große starke Männer gegen ein kleines Mädchen, aber sie drehte die Scharre weg und lief davon, die beiden Alten machten natürlich nichts, denn das Ganze hätte ja jemand aus dem Haus hören können. Der Alte schnappte daraufhin wohl sein Fahrrad und fuhr hinter ihr her, setzte sie auf die Mittelstange und bläute ihr ein, das wäre nichts schlimmes gewesen, sie wollten nur beide mit ihr spielen und fuhr los. Marie weinte bitterlich, aber zu Hause angekommen, versiegten ihre Tränen. Sie lächelte ihre Mama an, so als wenn nichts gewesen wäre. Die Mama hatte ja im Moment auch viel zu tun, denn Marie´s Einschulung stand kurz bevor. In einer der nächsten Nächte schreckte sie hoch. Was war das? Ein Schrei, schnelles Atmen aus dem Schlafzimmer der Eltern, das Bett machte quitschende Geräusche. Marie zog die Decke über ihren Kopf, das wollte sie nun wirklich nicht hören. Aber war das so? War das, was der Opa mit ihr machte doch was ganz Normales? Zu diesem Zeitpunkt wusste sie aber noch nicht, dass dieses Erlebnis ein ganzes Leben in ihren Träumen erscheinen wird.

Jetzt traute sie sich erst recht nicht, ihren Eltern davon zu erzählen, was da alles im Hause passierte. Maries Schamgefühl und Angst waren so groß und außerdem, wem sollte sie es denn anvertrauen? Maries Vater, der nie zu Hause war oder ihrer Mutter, die durch ihre viele Arbeit sehr angespannt und auch übermüdet war. Nein, das konnte sie nicht, auch in diesem jungen Alter noch nicht.

Dann kam der Einschulungstag! Maries Mutter hatte ihr trotz Zeitnöten ein wunderschönes Kleid genäht mit einem Petticoat darunter. Gleich hatte sie sich in dieses Kleid verliebt, aber nicht nur sie. Als der Opa sie sah, eiferte er schon, mit seiner roten vom Alkohol gezeichneten Nase, seinem dicken, fast platzenden Bauch, grinste sie an und schon wusste sie, was nach der Schule auf sie zukommen würde. Aber erst einmal zur Schule, sie bekam eine sehr nette Lehrerin und freute sich, so war sie wenigstens morgens frei. Vor der Schule, das würde er nicht wagen, denn die Mutter war immer auf morgens, aber es war anders. Jede, aber auch jede Gelegenheit nutze er aus und wenn es nur eine kurze Berührung war, mit einem nassen Finger, schnell mal ihre Scheide anzufassen. Mit Tränen und viel Traurigkeit ging sie den Schulweg entlang, wollte am liebsten niemanden sehen. Aber die Angst etwas zu sagen, war viel zu groß und es schnürte ihr bei jedem Gedanken daran den Hals zu. Manchmal fühlte sie sich wie eine Schauspielerin, einmal lächelnd zu Hause und in meiner eigenen Welt, wenn sie alleine war. Auch sah sie ihre Mutter oft ins Gesicht, in der Hoffnung, sie würde sehen, dass ihre kleine Tochter so großen Kummer hatte und schon jetzt in dem Alter daran dachte, ihrem Leben ein Ende zu bereiten. Ja und noch eine Neuigkeit gab es in ihrer Familie, ihre Mutter ist schwanger. Schwanger, noch enger, noch weniger Platz aber was kommt, das kommt.

Im November 1960 wurde Horst-Peter geboren. Marie hatten ihre Eltern natürlich zu ihrer Tante geschickt, da Hausgeburten üblich waren – sollte sie wohl nicht zu Hause sein. Jetzt, jetzt mussten die Untermieter aber endlich auf dem Haus ausziehen. Es können ja wohl schlecht alle im Stehen an der Wand schlafen. Raimund war auch immer seltener zu Hause, hatte er etwas gesehen und verkrümelte sich deshalb immer mehr oder war es nur das Alter, sich mit anderen Jungen rum zutreiben und Blödsinn zu machen. Das Baby, ja das war irgendwie Maries, sie musste ihn spazieren fahren, wenn er die Flasche getrunken hatte, auch fingen so langsam die Hausarbeiten für sie an, sie war jetzt fast zehn Jahre und da musste man ran. Marie wollte aber nicht, sie wollte spielen wie andere Kinder, aber Opa stand an der Türe und pfiff sie zurück oder sie musste Mama helfen.

So war sie froh, als von der Schule aus eine Klassenfahrt anstand, zuerst hieß es, sie könne nicht mitfahren, weil das Geld in diesem Monat sehr knapp war, aber ihr Vater hat es dann doch möglich gemacht, wie auch immer er es geschafft hat.

Der Tag X war da, sie stand früh auf, konnte es gar nicht erwarten, es sollte mit einem Schiff den Rhein hinunter gehen und irgendwo eine Höhle erkundet werden. Sie war zu diesem Zeitpunkt schon ein sehr einsames Mädchen, hatte keine Freunde und saß schon allein im Bus, schaute am Fenster hinaus und flüchtete dort schon in einen Tagtraum. Das konnte sie gut, denn bei diesen anderen Dingen war es gut. Dann ging es vom Bus aus auf ein Schiff, die Jungen der Klasse waren außer Rand und Band, sie jagten über das Schiff, warfen alles um, unter anderem hatte Marie vergessen ihre Geldbörse in die Tasche zu stecken, also hatten die Burschen nichts anderes zu tun, sie zu nehmen und damit herum zu werfen. Prompt landete sie im Rhein, prima für den ganzen Tag kein Geld mehr. Kein Eis, nichts zu essen und zu trinken. Marie war stinksauer und ihr Tag war gegessen. Es gab auch keine großen Konsequenzen, viele lachten noch darüber. Da fasste sie einen Entschluss, bei noch so einer kleinen Gelegenheit, die sich ihr bietet, wird sie von einem Berg springen oder etwas anderes finden, um ihrem Leben ein Ende zu machen. Endlich Ruhe, endlich frei. Das Schiff legte dann irgendwann an, die Klasse ging von Bord. Die Lehrerin ging voran. Wenn sie wüsste, womit Marie sich gerade beschäftigte, würde sie vielleicht ein Auge auf sie halten. Aber das wollte Marie ja nicht, es sollte niemand etwas merken, deshalb lächelte sie und ging mit den anderen hoch auf diesen Berg. Als sie fast oben angekommen waren, löste sie sich schon von der Gruppe und hielt Ausschau nach einem Platz an einem Abgrund mit Steinen und

Geröll. Und endlich hatte sie einen Platz gefunden, es war weit und breit niemand zu sehen und so war es besiegelt. Langsam ging sie zum Abgrund, schaute hinunter, ging einen Schritt nach vorne und wollte gerade einen Satz nach unten machen, es war ganz schön tief, genau richtig für sie, packte sie jemand bei den Schultern und sagte: "Marie, was machst du da?" Ihre Lehrerin sah sie mit großen Augen fragend an. „Lassen sie mich doch!" schrie sie und wollte sich losreißen, um ihr Vorhaben doch noch zu Ende zu bringen. Sie aber hielt Marie fest, nahm sie mit zu den anderen und es wurde auch über diesen Vorfall kein Wort mehr verloren. Vorsichtig schob sie Marie vor sich her und sie gingen zusammen durch diese blöde Höhle. Zu Hause dann angekommen ging dann alles so weiter wie bisher - gehorchen, willig sein und nachts im Bett liegend, weinen und verzweifelt sein. Leise vor sich hin jammernd, damit es keiner hören konnte. Die Decke über den Kopf gezogen, war sie das einsamste Mädchen der Welt, ohne Hoffnung auf ein Ende. Immer wieder befahl er ihr in den Keller zu kommen oder in das Zimmer, wo er schlief, ins Badezimmer oder überall da, wo er sich unbeobachtet fühlte, um seine schweinischen Sachen mit ihr zu machen. Dann steckte er seinen Finger in seinen Mund, rutschte damit in ihren Schlüpfer und steckte den fleischigen, dicken Finger in ihre Scheide, wo er ihn hin und her bewegte, warum das, sie hatte keine Ahnung. Es tat weh, Tränen liefen über ihr Gesicht und da es niemand hören soll, steckte er dann auch noch seine Zunge in ihren Mund, tief in den Hals. Marie dachte, sie müsse ersticken, ihre Augen wurden immer größer. Brechreiz und Ekel überkamen sie jedes Mal, aber sie konnte sich nicht wehren, er hatte eine Art von Griff an sich, der sie erstarren ließ. Dieser stinkende beißende Alkoholgeruch trieben ihr die Tränen ins Gesicht, von dem Schmerz der da war, nicht zu reden. Er ließ nicht ab von ihr, geilte sich daran auf, bis für ihn die Erlösung kam.

Manchmal steckte er auch sein Glied in ihren Mund, er sagte dann genau, was sie tun musste. Damit sie nicht anfing zu Würgen, gab er ihr ein Hustenbonbon, damit es besser schmeckt. In diesem kleinen Mund stopfte er alles hinein. Marie hätte so vor seine Füße kotzen können. Eines Tages, niemand war zu Hause, auch die Mutter nicht, obwohl Marie sie gebeten hatte, zu Hause zu bleiben oder wenigstens mit zu dürfen, kam der Alte ins Wohnzimmer, wo sie saß und ihre Hausaufgaben machte. Er nahm sie an die Hand, brachte sie in die Küche, zog ihr Schlüpfer aus und setzte sie auf den Tisch. Mit ängstlichen Augen schaute sie ihn an, schreien will sie, aber es geht nicht. Stummheit überfällt sie, wie immer und sie schaltete den Kopf ab und flieht in ihre Welt. Sie versucht noch ein letztes Mal mit den Beinen zu strampeln um ihn wegzustoßen, aber sein Blick war so böse und angsteinflößend. Also schaute sie zur Decke und ließ es geschehen - wie immer. Er ging mit seinem Kopf zwischen ihre Beine und rieb mit seiner Zunge an ihrer Vagina hin und her. Tränen rannen über ihr Gesicht, aber er hörte nicht auf. Als es endlich vorbei war, drohte er wieder mit Polizei und das man sie abholen und sie in ein Heim stecken würde.

Es wurde mit der Zeit immer schlimmer, überall lauerte er ihr auf. Sie durfte noch nicht einmal auf die Straße gehen, um mit den anderen Kindern zu spielen, die auf der Straße wohnten. So lange Jahre ging das nun schon und es gab keinen Ausweg für dieses Mädchen.

Marie war mittlerweile schon 12, Freunde hatte sie keine, wie denn auch, sie hatte Angst vor Jungs in ihrem Alter. Wenn sie zusammen auf dem Schulhof standen und ihre Sprüche los ließen, dachte Marie immer, man könnte sehen, was mit ihr gemacht wurde und so stand sie meistens alleine in einer Ecke und schaute den anderen nur zu. Ihre Leistungen in der Schule waren durchschnittlich, obwohl sie ein lernbegeistertes Mädchen war. Aber ihre Qualen waren so groß, dass sie sich die meiste Zeit in ihre Träume flüchtete. Noch ein ganzes Jahr zog sich dieses Martyrium ihres Körpers und ihrer Seele hin.

Als Marie eines Tages mittags aus der Schule kam, saß ihre Mutter mit rot verweinten Augen am Küchentisch und wartete auf sie. Was war geschehen? Ahnungslos sich umblickend fragte sie die Mutter: " Mama, warum weinst Du?" Wortlos mit Tränen überfüllten Augen legte sie ihr einen Zettel hin. Maries Hände fingen an zu zittern, denn sie wusste sofort, was das für ein Zettel war. Ein Brief mit obszönen Sätzen und Fragen, die der Opa ihr immer schrieb und die Maria lesen musste, obwohl sie die Hälfte davon nicht verstand. Stumm, die

Augen mit Tränen gefüllt, sich schuldig fühlend, sah sie ihrer Mutter ins Gesicht. Keiner von beiden sagte ein Wort. Am liebsten würde Marie jetzt schreiend weglaufen, teils aus Erleichterung, dass nun endlich etwas passiert, dass ihr endlich jemand hilft aus diesen Fängen zu entkommen. Aber auch, weil sie Angst hat, die Schuld zu bekommen, an dem was passiert ist. Erzählen zu müssen, was alles passiert ist, ist für sie unerträglich, sie kann es auch nicht. Zu groß sind der Schmerz und die Scham und ihre Stimme würde versagen!

Plötzlich als ihre Mutter sich etwas gefangen hatte sagte diese: "Ich habe so etwas geahnt. Warum hast Du nie etwas gesagt?" Marie blieb stumm, sie konnte nicht antworten. Mit starrem Blick und starrem Körper saß sie in einer Ecke im Wohnzimmer und die Stunden vergingen. Niemand sprach mehr ein Wort, bis der Vater von der Arbeit nach Hause kehrte und das Schreckliche nahm seinen Lauf.

Mit großer Angst und klopfendem Herzen schaute sie ihn an. Mit fragendem Blick schaute er auf die Mutter, die weinend im Türrahmen der Küche stand und den besagten Zettel in der Hand hielt. Wortlos gab sie ihm den Zettel, ohne abzuwarten, bis er seine Tasche abgestellt hatte. Er las ihn und eine unheimliche Wut stieg in sein Gesicht. Nichts sagend stürzte er in den Flur, zur Türe des Opa, der mittelweile alleine war, denn die Oma war schon lange verstorben und musste dieses Erlebnis nicht mehr ertragen. Eine riesige Lautstärke war eingebrochen und Marie hoffte, dass der Vater den Großvater jetzt aus dem Haus wirft oder die Polizei ruft, so dass er mit Handschellen aus dem Haus geführt wird.

Dann auf einmal Totenstille, voller Angst will Marie schnell das Wohnzimmer verlassen, als ihr Vater vor ihr steht. Anstatt sie in den Arm zu nehmen und mit ihr zu weinen und sie zu trösten, baut er sich vor ihr auf und sagt nur einen Satz:

"Wenn das noch einmal passiert, kommst Du in ein Heim!"

Das war das Einzige, niemand dachte auch nur daran, wie sie sich all die Jahre gefühlt hat, was man ihr an Leid und Qualen zugeführt hat. Einsam und alleine ging sie auf ihr Zimmer, öffnete das Fenster und verstand die Welt nicht mehr. War das alles??

Marie konnte die ganze Nacht nicht schlafen, immer hoffte sie noch, dass wenigstens ihre Mutter zu ihr kommen würde, um sie zu trösten. Niemand kam zu ihr, sie wartete vergeblich, sie war wie immer alleine.

Bedrückend war seit dem die Stimmung in der Familie, keiner wollte darüber reden. Marie entfloh immer öfter in ihre Phantasiewelt, in welcher sie offen mit ihrem Vater sprechen konnte und er ihr offen gestand, dass er sie immer beschützen wird. Aber in der Realität war das leider nicht so. Immer sah er sie fortan mit strengem Blick an, den sie überhaupt nicht verstand. Liebe und Beachtung wollte sie von ihren Eltern und keine Strafe und Verachtung.

Die schulischen Leistungen ließen rapide nach, aber selbst das schien niemanden zu interessieren. Auch die Lehrerin sagte kein Wort dazu. Maries Seele war zerstört, sie weinte viel und dachte viel darüber nach, was sie tun könnte, dass dieses Monster doch noch das Haus verlässt.

Aber sie hatte eine wichtige Aufgabe zu erfüllen, denn ihre kleine Schwester sollte dies nicht auch noch alles erleben müssen. So ließ sie ihn und auch Sieglinde nicht aus den Augen. Einmal, als Marie von der Schule kam, musste sie feststellen, dass der Alte sie mit in sein Zimmer genommen hatte, denn er lebte ja immer noch in der Familie. Wütend und geradewegs stürzte sie in sein Zimmer. Er hatte Sieglinde schon zwischen seine Beine gestellt und ihre Hose runtergezogen, während er auf sie einredete. Mit hochrotem Kopf und schreien stürmte Marie auf ihn zu.

"Was hast Du mit ihr gemacht, Du Schwein?" schrei sie.

Er aber stammelte nur: "Nichts! Es ist nichts passiert!"

"Wenn Du sie anfasst und ihr irgendetwas antust, hole ich ein Messer und steche Dich ab. Das ist mein Ernst, glaube es mir!" sagte sie warnend zu ihm.
Sie nahm ihre Schwester an die Hand und verließ mit ihr das Zimmer. Im Flur stehend und nach Luft schnappend, kam ihre Mutter aus dem Keller dazu.

"Was ist hier los?" fragte diese. Marie antwortete: "Ich habe Sieglinde gerade bei dem Schwein aus dem Zimmer geholt..." und lief weinend davon. „Wird dieser Alptraum denn nie ein Ende haben, wird keiner was unternehmen, dass dieses Schwein unsere Familie verlässt?" dachte sie nur.

Nein, er wird wohl bis zu seinem Tode bei der Familie bleiben. Immer musste sie auf der Hut sein und sich und ihre Schwester beschützen. Können oder wollen die Eltern nicht sehen oder haben sie das schreckliche, was passiert ist, verdrängt? Das kann doch nicht sein, dachte Marie, so etwas vergisst man doch nicht, zumal eine Tochter im Haus lebt, die im gleichen Alter ist, als ich damals.

Aber wie das Schicksal es manchmal gut mit einem meint, musste dieser Mistkerl eines Tages ins Krankenhaus gebracht werden. Marie konnte tief Luft holen, denn jetzt war keine Gefahr im Verzug, für sie selbst und für ihre Schwester.
Man glaubt es kaum, wer dem Alten frische Kleidung ins Krankenhaus bringen musste. Marie! Ihre Mutter gab ihr Geld für den Bus und sie fuhr in den ca. 15 km entfernten Ort, in dem das Krankenhaus war. Ohne ein Widerwort, aber mit viel Wut und Angst im Bauch, machte Marie dies, denn ihre Mutter hatte es ihr aufgetragen. Im Krankenhaus angekommen, schmiss sie die frische Kleidung auf sein Bett und wollte gleich wieder gehen, dann damit war ihre Aufgabe erledigt. Er aber hielt sie am Arm fest, zeigte auf seinen Nachttisch und sagte mit leiser Stimme: "Da ist Geld drin! Du kannst es haben, wenn ich Dich noch einmal anfassen darf!" Geschockt und mit groß

aufgerissenen Augen schaute Marie ihm ins Gesicht. Sie hatte das Gefühl keine Luft mehr zu bekommen und schrie ihn an: „Du bekommst gar nichts von mir, noch nicht mal einen Schluck Wasser. Das ist die Strafe, die Du von Gott bekommst, für das, was Du mir angetan hast. Von mir aus kannst Du hier verrecken!"

Dann verließ sie fluchtartig den Raum. Draußen auf dem Gang stand sie erst mal Sekunden mit zittrigen Knien und musste sich beruhigen. Dann fuhr sie mit dem nächsten Bus nach Hause. Ihrer Mutter erzählte sie nichts von dem, was dort passiert war, denn sie würde ihr ja sowieso keinen Glauben schenken.

Mit dem Tode des Opas hoffte Marie, es würde sich nun alles ändern. Aber dem war nicht so. Ihre Alpträume hielten weiterhin an. Fast jede Nacht träumte sie denselben Traum:

Eine riesige Türe, am Ende eines langen Tunnels. Der Opa steht winkend in der Ecke, kommt auf sie zu. Die Hose geöffnet, das Glied bereits heraushängend. Von Angst erfüllt, beginnt sie zu laufen - immer schneller, immer schneller, um ihm zu entkommen. Da, da geht am Ende des Tunnels die Türe auf, ein heller Lichtstrahl tritt heraus. Die Schritte werden immer schneller und es gelingt ihr, ihm zu entfliehen. Am Lichtstrahl angekommen, durch die Türe springend, breitet sie die Arme aus und beginnt zu fliegen. Immer weiter, bis hoch in die Wolken und lässt sich von ihnen umhüllen, wie ein weicher Wattebausch es könnte.

Dieser Traum begleitet Marie nun schon viele Jahre, niemand weiß über ihn und sie wird es auch bestimmt in ihrer Seele behalten.

Bis wir dieses Buch gefunden und es voller Emotionen gelesen haben. Auch wir und der Leser wissen nun von diesem Traum. Dieses Licht wird sie gesehen haben, als ihre Zeit gekommen war. Sie blickte aus ihrem Krankenbett heraus fast 5 Tage lang in dieselbe Ecke des Zimmers. Jedes Mal, wenn sie trotz absoluter Kraftlosigkeit die Augen öffnete, blickte sie oben rechts in die Ecke an der Decke und stammelte irgendetwas. Mal verstand man ein dahin gesäuseltes: "Nein, es geht noch nicht!" oder "Die Zeit ist noch nicht gekommen!" "Jetzt noch nicht!" Später verstand nur noch einer in unserer Runde ihre Sprache und dies entlockte ihr bis zum Schluss ein Lächeln!

Auch wir lächelten dann, auch wenn die Augen voll von Tränen waren. Aber diese Stärke da liegen zu sehen, sie einfach nur liegen zu lassen und ihr nichts geben zu können - dachten wir, wäre nicht genug.

Wir gaben ihr genau das, was sie brauchte und wir haben unser Bestes gegeben, so wie sie immer ihr Bestes für uns gegeben hat.

Liebestraum

In Deinen Armen wollt ich versinken.

Schweben, wie auf Wolken, hoch in der Luft.

Es ist Dir gelungen, Du bist mein Leben.

Im Heute und Immer zu.

Du hast mich beglückt mit Deiner Art,

die stahlblauen Augen und mit Deinem Bart.

Ich wollte Dich küssen, umarmen und lieben.

Und immer in Deinen Armen liegen.

So ist es noch heute, so wird es immer sein.

Denn ich lieb Dich auf ewig und zu jeder Zeit.

G.W.

Zwischen Marie und Peter entstand eine Freundschaft, ohne Forderungen, ohne Verpflichtungen. Er kam zu ihr, um ihr Vertrauen zu gewinnen. Aber das war nach all den Erlebnissen nicht so einfach, denn im Normalfall zog sie sich in ihr Schneckenhaus zurück, sobald ein Junge in der Nähe war, auch wenn sie dies gar nicht wollte. Es gab für sie keine Möglichkeit, es anders zu machen, denn woher sollte sie es anders kennen. Immer hatte sie das Gefühl, die wollen ihr etwas. Sie wollte nicht von jemandem angefasst werden. Dass da ein junger Mann war, der eine Freundschaft mit ihr wollte, ohne etwas anderes, das konnte und wollte sie nicht glauben.

Als ihr Vater Marie und Peter eines Sonntagsabends erwischte, als sie nach Hause gebracht wurde, sagte er zu ihr: "Bring ihn mit nach Hause, damit wir sehen, wer und wie er ist!" Zum nächsten Sonntag wurde Peter dann eingeladen und er stand pünktlich um 15 Uhr am Nachmittag mit einem großen Blumenstrauß für Maries Mutter und einer Flasche Schnaps für den Vater vor der Türe. Das hatten die Eltern natürlich nicht erwartet. Die Mutter freute sich über die Blumen, denn sie bekam nicht häufig welche. Der Vater freute sich über den Schnaps, holte sofort 2 Gläser, um mit ihm anzustoßen. Bei Kaffee und Kuchen wurde dann über dies und jenes geredet. Marie saß dabei und hörte zu. Gegen Abend, als dann die neu errungene Flasche dann geleerte war, die beiden Männer angetrunken waren, bot Maries Vater Peter schon das "Du" an. Das war außergewöhnlich, denn sonst machte er so etwas nicht so schnell und leichtfertig. Der Bann war gebrochen und so ging er bei ihr nun ein und aus und gehörte zur Familie. Jeden Abend holte er sie vom Bahnhof ab und sie gingen gemeinsam zu ihr nach Hause. Die Zeit verging und mittlerweile waren die Beiden schon 9 Monate zusammen. Geschehen war bis dahin aber immer noch nichts. Peter hatte es schon einmal versucht, aber Marie hatte ihm sofort auf die Finger gehauen und es massiv verneint. Aber manchmal spürte sie schon, dass sie ihm ganz gehören wollte. Die Schwelle allerdings zu überschreiten war zu schwer für sie.

Als es dann eines Tages so weit war, dass die beiden alleine waren, kam die Angst in ihr hoch. Sie ließ Peter einfach stehen und verließ das Haus, lief so schnell sie konnte, bis keine Luft zum Atmen mehr da war. Am ganzen Körper zitternd, fand Peter sie auf einer Bank, in der Nähe des Hauses, in dem er wohnte. Er nahm Marie in den Arm und versuchte sie zu beruhigen. Er drückte sie ganz fest an sich und sagte:

"Es ist alles gut! Weshalb hast Du solche Angst davor? Ich würde Dir doch nie wehtun!" Doch Marie verbarg ihr Gesicht auf seinen Schultern. Mit weinender Stimme sagte sie: "Ich habe ein Geheimnis und ich kann es Dir nicht erzählen. Denn es ist so furchtbar und ich schäme mich dafür!" Für heute wollte sie nur noch nach Hause, alleine sein mit ihrem Schmerz, so wie sie es immer gemacht hat. Peter brachte sie heim, ohne dass die Beiden noch ein Wort miteinander sprachen.
Zu Hause an der Türe angekommen, hörte sie, wie er sagt: "Ich liebe Dich! Und das wird sich auch

nicht ändern. Ich werde so lange warten, bis Du bereit bist."

Es dauerte noch eine ganze Weile, denn diese Wunden verheilen nie. Doch ein bisschen Vertrauen zu ihm und zu sich selbst, würde ja reichen. Hatte sie das? Marie wusste es nicht, denn ihre Erlebnisse waren so schlimm, das kann man nicht gleich jedem erzählen.

Eines Samstagsabends, bei einem langen Spaziergang, es dämmerte schon langsam und die Luft war etwas stickig, war der Zeitpunkt gekommen.
Marie holte noch einmal tief Luft und fing mit ganz leiser und zittriger Stimme an, stockend alles zu erzählen. Er hörte aufmerksam zu. Mit betroffenem Gesicht ging er neben ihr und sprach kein Wort. Auch nicht, als ihr Tränen der Scham und Angst über ihr Gesicht liefen und sie am liebsten im Erdboden versunken wäre. Peter aber brachte sie nur nach Hause, ohne ein Wort dazu zu sagen. Küsste sie zum Abschied, drehte sich herum und ging mit schnellem Schritt davon. Wiedermal begann eine schlaflose Nacht. Wird er es verstehen? Kann er damit umgehen?

Keiner wird es wissen, auch sie nicht. Eine ganze Woche ließ er sich nicht blicken. Unruhig und auch ängstlich über sich selbst, fand Marie keine Ruhe, weder Tag noch Nacht. Wo war er? Warum kommt er nicht? War nun alles vorbei?

Das Warten machte sie schier verrückt, doch am Samstagnachmittag stand Peter dann endlich vor der Türe, mit einem großen Blumenstrauß, leicht betrunken, immer noch betroffen von dem, was er von ihr alles gehört hatte. Sie gingen hoch in ihr Zimmer, obwohl ihre Eltern das nicht wollten. Nach einer Weile der Stille, fragte Peter dann: "Bist Du keine Jungfrau mehr?" "Nein! Es ist so schlimm für mich, aber ich kann das alles nicht mehr rückgängig machen." Wieder fing sie an zu weinen und konnte gar nicht mehr aufhören. Erst als Peter sie in den Armen hielt, um sie zu trösten, wurde es besser und langsam kam die Entspannung. Jetzt wollte er natürlich mehr erfahren, doch Marie war auch jetzt noch nicht in der Lage, seine Fragen zu beantworten.

Einige Tage später, waren sie bei Peter zu Hause und seine Mutter war arbeiten. Auch seine Mutter musste viel arbeiten, denn der Vater war schon lange tot. Er nahm sich das Leben, als die Kinder noch klein waren.
Sie gingen auf sein Zimmer, heute wollte Marie mit ihrem Peter schlafen. So hatte sie es für sich beschlossen. Teils weil sie es wollte, aber auch, um ihn nicht zu verlieren. Als er aber langsam anfing, sie auszuziehen, wurde ihr mulmig. Doch sie versuchte ihre Gedanken zu ordnen. Als Peter aber dann letztendlich auch nackt vor ihr stand und sie von oben bis unten mit großen Augen anschaute, durchfuhr sie ein solcher Schreck, dass sie wieder ganz schnell in Windeseile ihre Sachen anzog und fluchtartig das Haus verließ. In einem Versteck

zwischen 2 Häusern wartete sie, bis Peter vorbei lief, dieses Mal sollte er sie nicht finden.

Mit immer schneller werdenden Schritten, über Schleichwege, fast laufend, hastete sie nach Hause. Mit roten Augen und Tränen erfülltem Gesicht, blieb sie plötzlich kurz vor der Haustüre stehen. Sie schaute sich um, Peter würde doch wohl nicht schon auf sie warten, denn er hatte ein Moped. Nein, er war nicht da! Schnell die Haustüre aufgeschlossen, eilte sie die Treppe hoch in ihr Zimmer. Keine Fragen beantworten, niemanden sehen, es wäre zu schlimm. Vielleicht wäre dann Lügen das einzige, was ihr über die Lippen käme, auch ihrer Mutter gegenüber. Das wollte sie auf keinen Fall, denn eine Auseinandersetzung würde ihr nun auch nicht helfen. Zudem war dieses Thema zu Hause ohnehin tabu!

Am nächsten Morgen, alles wie gewohnt. "Guten Morgen, Mama! Alles ok?" "Ja und bei Dir?" "Ja, aber ich muss auch gleich los." und schon verließ Marie eilig das Haus.
Eine Woche verging in ihrem Schneckenhaus. Sie wollte Peter nicht sehen, aber es fiel auch niemandem auf, dass sie auch am Familienleben nicht mehr teilnahm. Die Sehnsucht nach seiner Nähe und die Angst, ihn nicht mehr wieder zu sehen, waren stärker, als alles andere. So ging sie am nächsten Samstag nach der Arbeit los, um ihn aufzusuchen.

Er war in seiner Stammkneipe, halb angetrunken und zu keinem Gespräch mehr in der Lage. Den Deckel, den er anschreiben ließ, konnte er natürlich nicht mehr zahlen, also beglich Marie die Rechnung mit ihrem Taschengeld. Dann nahm sie ihn an die Hand und sie verließen beide das Lokal. Mit langsamen Schritten gingen sie in Richtung seines Elternhauses. Peter schwankte immer hin und her und sie konnte ihn kaum festhalten. Dort angekommen war Marie froh, dass niemand da war. Die Mutter hätte sonst wieder ein riesen Theater gemacht. Das konnte sie gut. Sie legte ihn auf das Sofa und er konnte erst mal seinen Rausch etwas ausschlafen. Marie schrieb ihm einen Zettel und verließ dann leise das Haus. Traurig über dieses Ereignis ging sie durch die Stadt. Plötzlich hielt ein Auto neben ihr, es war ihr älterer Bruder. "Was machst Du denn hier so alleine?" fragte er. Marie fing an zu weinen und erzählte ihm, was gerade passiert war. Er war nicht alleine, denn er hatte seine Freundin dabei. Trotzdem fuhren beide Marie nach Hause.

Tage später als Peter sich dann wieder einmal sehen ließ, war ihr Bruder zu Hause. Er ging sofort auf Peter zu und sagte ihm: "Wenn Du mit meiner Schwester in Zukunft nicht vernünftig umgehst, bekommst Du es mit mir zu tun! Hast Du mich verstanden?" Peter nickte nur, er konnte darauf nichts sagen. In den nächsten Wochen sahen sie sich so gut wie gar nicht, denn Peter musste für seine Prüfung lernen, so sagte er es jedenfalls. Dass er stattdessen aber mehr in der Kneipe hockte, als alles andere, das wusste Marie nicht. Warum duldete sie das? Die Frage konnte sie sich selber nicht beantworten. Sie war gefangen, sie wollte ihn unbedingt behalten.

Das nächste Mal bei ihm zu Hause, wieder war niemand anderes im Haus, gingen sie auf sein Zimmer. Er nahm sie in den Arm, küsste sie und so geschah es, dass sie das erste Mal nun endlich, trotz Alkohol, denn er hatte wieder ordentlich getrunken, miteinander schliefen. Es ging recht schnell. Er strahlte über das ganze Gesicht und sagte: "Ich liebe Dich!" Sie spielte ihm die Glückliche vor und damit begann ein schrecklich aufreibendes Spiel. Immer wenn Peter es wollte, gab sie sich hin. Eines Tages jedoch, sie noch keine 16, blieb ihre Periode aus. Was nun? Was werden die Eltern sagen? Angst und Beklemmung bestimmten die kommenden Tage, doch sie mussten es erfahren. Aber ihre Ausbildung? Wie geht es weiter? Peter freute sich über die Nachricht und beschloss kurzer Hand, bereits am nächsten Tag mit den Eltern zu reden.

Pünktlich holte er sie vom Bahnhof ab und fuhr sofort zu ihr nach Hause. Maries Mutter war in der Küche und backte einen Kuchen, der Vater saß vor dem Fernseher. Eine idyllische Ruhe, die bald gestört werden würde. Marie ging in die Küche zu ihrer Mutter und stand eher abwesend da und schaute ihr zu. Das andere Feld überließ sie Peter. Nach ein paar Schnäpsen, die beide getrunken hatten, schaute der Vater ihn an und fragte: "Was ist los mein Junge? Hast Du was auf dem Herzen?" Stammelnd beichtete Peter, welche Befürchtung beide hatten. Plötzlich ging die Küchentür auf und der Vater schaute Marie an, starr und blass ins Gesicht und bat sie und die Mutter ins Wohnzimmer zu kommen. Ihre Mutter, etwas erschrocken schauend, fragte: "Was ist denn los? Bekommst Du etwa ein Kind?" Ohne auf eine Antwort zu warten, kam gleich der nächste Satz. "Ich habe es geahnt!" Diesen Satz kannte Marie schon, den hatte sie schon einmal gehört von ihrer Mutter. Tränen liefen ihr übers Gesicht, sie konnte nicht antworten. Scham kroch über ihr Gesicht, ihre Wangen glühten. Sie setzen sich trotzdem alle um den Tisch, tranken Schnaps und blieben erst einmal stumm. Dann nach einigen Minuten durchbrachen die Eltern das Schweigen. Ganz gegen Maries Vorstellungen, reagierten die Eltern, sachlich und ganz ruhig. "Wenn es denn dann so sein soll, werden wir das Kind auch noch groß bekommen!

Aber Deine Ausbildung wirst Du nicht abbrechen!" sagte ihre Mutter. Damit war das Gespräch dann beendet.

Ein paar Tage später herrschte immer noch Stille, die die Mutter dann durchbrach. "Was wollt ihr beiden denn nun machen? Heiraten?" Wie aus der Pistole geschossen, antwortete Marie: "Ich werde die Ausbildung zu Ende machen, aber nicht heiraten, nicht wegen einem Kind!" Stille trat wieder ein, doch an ihrem Blick konnte Marie sehen, dass dies der Mutter ganz recht war.

Die Eltern gaben ihnen trotzdem die Eheringe der Großeltern. Peter brachte sie schnell zum Juwelier, um sie ändern und polieren zu lassen. Danach fand eine kurze Verlobung statt. Ohne Feier und Eltern steckten sie sich die Ringe an die Finger, Küsschen - Fertig!

Nach fast 3 Monaten bekam Marie dann furchtbare Bauchkrämpfe, morgens beim Aufstehen waren sie schon da. Ihrer Mutter sagte sie nichts davon, sie musste ja zur Arbeit, denn die Ausbildung machte ihr großen Spaß. Mit Kunden umzugehen, etwas zu verkaufen, war schon was Tolles.

Als sie dann auf ihrer Arbeitsstelle ankam, dauerte es nicht lange und ihre Periode setzte ein oder war es etwa etwas anderes. Diese Gedanken verwarf sie allerdings ganz schnell, denn sie wollte, zu diesem Zeitpunkt jedenfalls, noch nicht Mutter werden. Schleppend mit Schmerzen erfüllt, ging dieser Tag zu Ende. Abends stieg Marie aus dem Zug, mit dem sie täglich fuhr und Peter holte sie, wie jeden Abend am Bahnhof ab. Freudestrahlend, trotz Schmerzen, umarmte sie ihn und sagte: "Alle Aufregung umsonst, ich habe meine Periode bekommen!" Wie vom Blitz getroffen schaute Peter sie an, so als wenn er sie verloren hätte für immer und verstummte ganz und gar. Er brachte Marie sofort nach Hause und ging noch nicht mal bis zur Türe, sondern fuhr gleich wieder. Ohne lange darüber nachzudenken, stürzte sie ins Haus, um ihrer Mutter von der freudigen Nachricht zu berichten. Auch der Mutter fiel ein Stein vom Herzen, das konnte man sofort auf ihrem Gesicht lesen. Ein Enkelkind und Oma werden, wollte sie jetzt noch nicht. Peter allerdings konnte sich recht schwer damit abfinden, kein Kind zu bekommen und so sah es eine Zeit lang so aus, als würde immer etwas zwischen ihnen stehen. Alles war langweilig und fad, egal was sie machten. Eine Weile des Suchens nach Peter an den Wochenenden begann. Marie beschloss daher spontan, diese Beziehung zu beenden und wartete auf eine passende Gelegenheit, es Peter zu sagen. An einem Samstagnachmittag, er kam wie so oft angetrunken bei ihr an, sagte sie zu ihm: "Du liebst mich nicht mehr und darum werden wir uns trennen! Vielleicht für immer oder zumindest für eine Zeit lang. Überlege in der Zeit in Ruhe, ob Du mich willst oder nur ein Kind für alle Fälle." Niedergeschlagen ging er zur Haustüre und drehte sich nochmal um, zog seine Krawatte fest zu und sagte: "Wenn Du Schluss machst, will ich nicht mehr leben!" Marie war erschrocken über diese Reaktion und wusste nicht, was sie machen sollte und sagte: "Hör auf damit, Du sollst Dich nicht umbringen, sondern nachdenken!" Niedergeschlagen und blass fuhr er dann nach Hause, so sagte er es, aber in Wirklichkeit ging er wieder in seine Stammkneipe und ließ sich komplett volllaufen.

Am nächsten Abend jedoch, kam er sie wie immer am Bahnhof abholen, als sei abends zuvor nichts geschehen. Er kniete vor ihr nieder und mit weinender Stimme sagte er: "Ich liebe nur Dich, verzeih mir, es war dumm von mir!" Marie war überglücklich und so stand der Versöhnung nichts im Wege. Die Eltern von ihr merkten natürlich, dass irgendetwas nicht in Ordnung war bei den Beiden. So nahm der Vater, Marie eines Tages zur Seite und sagte zu ihr: "Pass gut auf Dich auf! Er trinkt zu viel und kümmert sich wenig um Dich!" Aber alle Gedanken daran wollte sie vergessen und nichts davon hören, denn wieder alleine sein zu müssen, das war viel schrecklicher für sie.

Alle Versprechen, die Peter ihr machte und alle Beteuerungen, die sie von ihm hörte, galten immer nur so lange, bis er ihr den Rücken zukehrte, denn von da an machte er sowieso nur das, was er wollte. In dieses 2. Leben von ihm, da gehörte sie nicht herein. Und so war es immer ein Suchen und Aufpassen ihrerseits und Ablehnung seinerseits. Immer öfter gab es Streit um das Selbe, er warf ihr dann immer vor, dass sie ihn nicht lieben würde. Durch diese ewigen Streitereien und ewigem Verlangen nach Sex von ihm, zog sie sich wieder in ihr Schneckenhaus zurück und nahm alles hin, wie es kam!

Marie versuchte nun wenigstens ihre Ausbildung zu Ende zu bringen, denn die Prüfungen standen kurz bevor. Sie wollte einen guten Abschluss schaffen. Bei diesem Hin und Her war dies allerdings gar nicht so einfach. Sie schaffte es aber trotzdem und hatte nach zwei schwierigen Prüfungstagen den Gesellenbrief in der Hand. Das war ein gutes Gefühl. Endlich hatte sie etwas geschafft und auch ihr Chef war sehr stolz auf sie. Sie glaubte, sie könne weiterhin im Laden arbeiten, doch ihre Kollegin sagte ihr eines Tages: "Du musst aufpassen. Die haben vor, Dich zu kündigen, wenn dein Urlaub vorbei ist." Marie wurde sehr wütend und als sie abends zu Hause ankam, schrieb sie sofort die Kündigung. Die gab sie am nächsten Morgen gleich ihrem Chef, der trotz desselben Vorhabens doch sehr überrascht und betroffen erschien. Er sagte, sie müsse allerdings noch einige Zeit dort arbeiten, da die Kündigungsfrist sonst nicht eingehalten sei. Sie zählte gemeinsam mit ihrem Chef am Kalender die Wochen durch, die sie noch zu arbeiten hatte.

Es stand fest, dass zum nächsten 1. ein neuer Job her musste, denn der Vater war am Abend nicht begeistert, als er die Nachricht hörte. "Du wirst nicht zu Hause bleiben und nichts tun. Such Dir sofort überganglos eine neue Arbeitsstelle!" waren seine Worte.

Durch eine Klassenkameradin der Berufsschulklasse erfuhr sie, dass im Kaufhof eine Stelle frei geworden sei und so entschloss sie am nächsten Tag, sofort dorthin zu fahren und ihr Glück zu versuchen. Sie konnte sofort zum Personalchef und hatte wirklich großes Glück, denn schon zum nächsten 1. konnte sie in der Gardinenabteilung ihre erste Stelle nach der Ausbildung antreten.

Peter gefiel dies überhaupt nicht. Er merkte, dass sie durch die Stelle selbstständig wurde und sich sehr gut mit ihren Kollegen verstand. So kam es, dass er eines Tages zu ihr kam und sagte: "Ich kann eine Wohnung haben. Lass uns zusammen ziehen! Es gibt nur einen kleinen Nachteil - wir müssen dafür heiraten!" Sie freute sich riesig. Er liebt mich wirklich, dachte sie. Die Planung, wann und wie alles von Statten gehen sollte, begann. Geld für die erste Einrichtung konnten beide die letzten 3 Jahre in denen sie bereits zusammen waren, zurücklegen. Aber was würden ihre Eltern sagen oder seine Mutter. Oh je, denn sie war so gar nicht für die Beziehung zu ihr. Sie war mit der Wahl ihres Sohnes überhaupt nicht zufrieden und hatte sie mit Sicherheit nicht als Schwiegertochter vorgesehen!
Aber die Freude und Planung ließ sie alle Konflikte scheinbar lösen.

Maries Eltern waren auch alles andere als einverstanden. Sie baten die Beiden darum, noch ein wenig zu warten. Da Marie allerdings fast täglich von ihrem Vater zu hören bekam, dass er das Zimmer, in den sie ALLEINE hauste, für den jüngeren Bruder brauchen würde, bleib sie stur und sagte nur: "Das Zimmer wird bald frei, denn ich werde heiraten und in einer eigenen Wohnung leben!"

Gesagt, getan! Allen Widersprüchen zum Trotz heirateten sie im November 1973 standesamtlich. Eine große Feier gab es nicht. Es wurde etwas gegessen und zum Kaffee trafen sich alle bei Marie zu Hause.

Das Brautpaar ging am Abend noch zum Tanzen. Als sie mitten in der Nacht nach Hause kamen, nahm Marie ihren Peter an die Hand und ging mit ihm nach oben in ihr Zimmer. Denn nun waren sie verheiratet und durften gemeinsam in einem Bett schlafen.

Am Morgen gab es dann ein riesen Theater. Der Vater empfing die Beiden mit den Worten: "Ihr seid noch nicht richtig verheiratet und in einem Bett geschlafen wird hier in diesem Haus nicht!" Marie war außer sich vor Wut. "Ich bin verheiratet und wenn es Dir nicht passt, dann gehen wir halt in unsere Wohnung, auch wenn wir dort auf der Erde schlafen müssen! Das ist mir egal!" Das schien wohl angekommen zu sein, denn die Eltern sagten nicht mal mehr ein Wort.

Die Wohnungseinrichtung hatte sie alleine oder teilweise mit ihrer Mutter gemeinsam ausgesucht. Die Wohnung war fertig renoviert und die Möbel sollten auch bald kommen. Nach der kirchlichen Trauung wollten sie endlich einziehen.
Marie hatte das Brautkleid einer Arbeitskollegin abgekauft, denn das Versprechen, dass ihr Vater ihr einst gab, sie werde die schönste Braut der Siedlung werden, weil sie im schönsten Kleid in einer weißen Kutsche vorfahren wird, hat er nicht eingehalten. Warum, wusste sie nicht und wird es auch nicht mehr zu Lebzeiten erfahren!

Marie war für sich trotzdem die schönste Braut, als sie im Dezember vor dem Altar in der Kirche stand. Es war ein berauschendes Fest, sogar ihr Großvater mütterlicherseits war gekommen. Nachts, als sie müde waren und der Brautstrauß geworfen wurde, bestellten sie sich ein Taxi nach Hause. Mit Tränen in den Augen stand ihr Vater an der Türe, als das Taxi vorfuhr und bettelte: " Bleib hier! Du kannst nicht mit ihm gehen!" War es der Alkohol? Nein, er hatte wohl doch Angst um seine Tochter. Hatte er in dieser Nacht vielleicht schon eine Vorahnung? Wusste er schon, was ein schweres Leben auf seine Tochter wartet?
Er ließ sie letztendlich gehen, aber am nächsten Morgen stand er schon sehr früh vor der Tür ihrer Wohnung. Er brachte den Opa mit, um ihm angeblich die Wohnung zu zeigen, aber eigentlich wollte er nur sehen, ob es seiner Tochter gut geht! Sie merkte es und sagte beruhigend zu ihm: "Es ist alles gut! Du brauchst Dir keine Sorgen zu machen. Ich hab Dich lieb!"

Marie arbeitete weiter gerne im Kaufhof und Peter in seiner alten Firma, denn er hatte das Glück, nach seiner Lehre dortbleiben zu können. Die Harmonie der Beiden hielt aber nicht lange, denn Peter war sehr eifersüchtig und dichtete ihr eine Affäre mit ihrem Chef an. Das war ein Unding, denn so etwas würde sie doch nie tun. Doch Peter glaubte ihr nicht und daher gab es immer wieder Streit deswegen, bis sie die Flügel streckte und ihren Job aufgab. Marie glaubte, damit sei wieder alles in Ordnung. So stand sie jeden Mittag in der Küche und kochte, aber Peter kam nicht heim. Er fuhr zu seiner Mutter und gönnte sich dort sein Mittagessen. Er vergaß sie einfach. Sie war todtraurig und weinte viel. Kam Peter dann irgendwann heim, wischte sie sich schnell die Tränen weg, so dass er es nicht bemerkte. Aber hätte er es gesehen? Sogar am ersten gemeinsamen Weihnachtsfest war er nicht da. Er meldete sich gerne freiwillig zum Arbeiten. So saß Marie alleine unterm Weihnachtsbaum. Die Geschenke wurden an dem Tag nicht mehr geöffnet, denn um Mitternacht war Peter immer noch nicht zu Hause. So ging Marie traurig ins Bett und weinte sich in den Schlaf.

Am Weihnachtsmorgen lag er auf dem Sofa im Wohnzimmer. Er hatte keine passende Ausrede parat, aber seine Alkoholfahne verriet einiges. Sie waren an diesem Tag bei seiner Mutter eingeladen. Marie setze ein Lächeln auf, denn sie wollte nicht, dass seine Mutter merkte, dass es nicht so gut lief bei den Beiden.
Silvester dann das Gleiche. Peter war wieder nicht zu Hause und so stand sie um Mitternacht auf dem

Balkon und schaute in den Himmel, während sie sich fragte: "Ist das mein Leben?" So sollte es aber nicht sein! Dies gab am Neujahrsmorgen dann auch wieder eine Auseinandersetzung, aber Peter ließ sie einfach stehen und verschwand.

Im April musste er dann zur Bundeswehr und dadurch, dass Marie keinem Beruf mehr nachginge, reichte das Geld vorne und hinten nicht. Ihm machte das absolut nichts aus. Er nahm neben seinem Wehrsold auch noch jedes Wochenende, wenn er kam, Geld von zu Hause mit. Marie blieb fast nichts übrig. Sie aß sehr wenig, so dass das Geld für ihn da war, denn wenn keins da war, wurde er sehr böse. Der Samstag gehört einzig und allein ihm und seinen Kumpel. Je länger er weg war, umso betrunkener kam er heim. Dann lallte er immer nur vor sich hin. "Ich will ein Kind, sonst bin ich kein richtiger Mann!" Das hatte er wohl schon seit Jahren im Sinn.

Nach ihrem Unfall mit dem Motorrad, den die Beiden hatten, hatten die Ärzte im Krankenhaus einen Hodenbruch festgestellt und ihm mitgeteilt, dass er zeugungsunfähig sei.

Das schwirrte immer in seinem Kopf herum. Dies war aber doch kein Grund, so zu reagieren, denn Marie konnte nichts dafür. Und überhaupt, wie sollten sie ein Kind ernähren, wo das Geld für sie kaum reichte. Peter hatte immer passende Taktik bereit und so konnte er sie überreden, ein Kind zu zeugen. Marie sah sich eigentlich noch nicht im Stande ein Kind groß zu ziehen, jedenfalls jetzt noch nicht. Sie stellte ein Ultimatum an ihn. Um ein Kind zu erziehen, sollte er ihr erst einmal beweisen, dass er dies auch wirklich wollte und mit dem Trinken etwas kürzer treten. Dies passierte aber nicht, im Gegenteil - es wurde viel schlimmer. Marie wartete wieder mal auf ihn, er kam nicht nach Hause am Wochenende. Mitten in der Nacht, Marie lag schon im Bett, hörte sie, wie er versuchte, die Türe aufzuschließen. Sie sprang aus dem Bett, öffnete sie Türe und da stand Peter mit einem fremden Mann. Er hatte nicht Bescheid gesagt. Wollte er sie mit ihm verkuppeln oder einen flotten Dreier? Marie stand wie erstarrt im Flur, nackt, wie Gott sie schuf und schaute diesen Mann an. Sie hatte sich so auf Peter gefreut, auch wenn sie wusste, er kommt nur dann, wenn er Geld brauchte. Sie zog sich einen Bademantel über und niemand verlor ein Wort darüber. Die beiden Männer setzten sich ins Wohnzimmer und dort ging das Saufgelage gleich weiter. An Schlafen war nicht zu denken, denn die Lautstärke war unerträglich. "Hoffentlich beschweren sich die Nachbarn nicht", dachte Marie. Irgendwann lagen die Beiden wie abgestochen da, einer auf dem Sofa, einer auf dem Sessel. Durch das Aufräumen, welches Marie extra nicht leise machte, wurde sie schnell wach. Das einzige Thema, was beide hatten, waren die Frauen aus der Kneipe nahe der Kaserne. Diese tanzten wohl halb nackt hinter der Theke herum und machten die Soldaten an. So auch Peter. Aber wieso machte er so etwas? Sie waren doch erst kurz verheiratet und er möchte doch unbedingt ein Kind von ihr haben? Beschämt und mit rotem Kopf bereitete Marie das Frühstück und war froh, als sie kurze Zeit später die Wohnung wieder verließen.

Tief getroffen und ohne Vorstellung, was dies sollte, verbrachte sie den restlichen Tag weinend. Am Nachmittag klingelte es plötzlich an der Türe. Ihr Bruder Raimund kam vorbei, um nach ihr zu schauen. Als er ihre roten Augen sah, fragte er sofort: "Was ist los mit Dir?"
Marie erzählte ihm unter Tränen die Episode der letzten Nacht.
"Das ist wohl nicht wahr! Dem fahre ich jetzt hinterher und werde ihm mal verklickern, dass er so nicht mit meiner Schwester umzugehen hat!" sagte er wütend. Marie beruhigte ihn und gemeinsam schmiedeten sie einen Plan.
Am folgenden Wochenende mietete Raimund ein Auto, holte Marie ab und dann fuhren sie gemeinsam zur Kaserne, um zu sehen, was dort los war. Leider war das zusammengekratzte Geld aus dem Fenster geworfen, da Peter an dem Wochenende Dienst schieben musste und es zu keiner Aufklärung kam. Das nächste Wochenende kam Peter gar nicht erst. Marie war darüber nicht allzu traurig, da sie schon lange keine Lust mehr auf Streit und Diskussionen hatte.
Mitten in der darauffolgenden Woche stand Peter dann mit einem Blumenstrauß im Flur und kniete vor ihr nieder. "Ich liebe Dich doch, es tut mir leid!" Konnte sie ihm glauben? Nach langen Umwerben, verzieh sie ihm und strahlte ihn wie ein Honigkuchenpferd an. Er grinste triumphierend, gab ihr einen Kuss und wiegte sie in Sicherheit. Aber der einzige Hintergedanke, der ihn leitete, war sie ins Bett zu bekommen, was er auch schaffte.
Marie aber spürte, dass ein Stück aus ihrem Herz

gebrochen war. Da sie aber den Verdacht hatte, schwanger zu sein, bleib sie ruhig. Vielleicht würde dann ja endlich alles gut. In den nächsten Tagen wollte sie zum Arzt gehen und dann hat sie Gewissheit. Sie wollte ihm so früh noch nichts davon sagen, denn wenn es doch nicht so sei, wäre er wieder enttäuscht.

Sie machte extra außerhalb bei einem Arzt einen Termin und ließ sich von ihrer Schwägerin dorthin fahren. "Hurra, Du wirst Mama!" Teils freudig, teils leidig fuhr sie mit Marianne wieder nach Hause. In Bedburg angekommen begegneten sie ihren Eltern und ihre Mutter sagte sofort: "Und was sagt der Arzt?" Marie antwortete: "Ja, ich bin schwanger. Im Oktober wird das Kind zur Welt kommen!" Ihr Vater schnauzte sie sofort an: "Was wollt ihr mit einem Kind? Ihr habt noch keinen Urlaub gemacht und noch nichts geschafft in Eurem Leben!" Marie war geschockt. Wieso machte er das? Wieso konnte er sich nicht freuen? Tief getroffen, drehte sie sich auf dem Absatz um und ging weg und ließ ihre Eltern einfach so stehen. Marianne lief ihr sofort hinterher und versuchte sie beruhigen. Doch das gelang ihr diesmal nicht.
Zu tief war die Verletzung ihres Vaters, sie liebte ihn doch, wieso ist er so zu ihr!? Diese Frage stellte sie sich immer wieder.

Zu Hause angekommen weinte sie erst einmal und konnte sich auch überhaupt nicht beruhigen. Sie wollte vorerst nicht mehr die Eltern besuchen. Sie wartete auf ihren Mann, der ihr am Telefon versprochen hatte, das kommende Wochenende zu Hause zu verbringen. Doch er kam nicht.

Sonntagvormittag kam er dann, wie immer angetrunken für 10, lachte sie an und lallte irgendetwas von Entschuldigung. Sie hatte die ganze Nacht gewartet und hatte Angst, dass ihm etwas passiert sei. Er verschwand im Schlafzimmer und als er nach einem Nickerchen wieder einigermaßen nüchtern war, sagte Marie zu ihm: " Ich muss mit Dir reden, denn es gibt etwas, was Du unbedingt heute noch wissen musst. Ich bin schwanger!" Peter wollte es gar nicht glauben und fragte nochmal nach: "Ist das wirklich wahr? Wir bekommen ein Kind?" Gerda nickte nur, denn sie wollte nicht, dass ihr Stimme versagt, sie war zu traurig, um zu sprechen. Peter war außer sich vor Freude, er hüpfte durch das Zimmer, zog sie an sich heran, tanzte mit ihr durch den Raum. Sie täuschte ihm Freude vor, um ihn nicht böse zu machen, aber ihre Gedanken waren ganz woanders. Wird es mit dem Trinken so bleiben oder wird er sich endlich ändern. Wenn das Baby erst da ist werden sie eine richtige Familie sein. Sie wusste es nicht anders und hoffte, dass es dann so sein würde.

Da sich nun einige weitere Familienprobleme ankündigen, werde ich hier einen Cut machen und um einige Jahre weiter springen. Das Hin und Her tut dem Buch nur einen Abbruch und der Leser wird sicherlich schnell gelangweilt sein, da die dahinter stehenden Personen Ihnen nicht allen bekannt sind. Daher springen wird nun weiter. Welches Jahr wir schreiben, weiß ich nicht genau. Ich weiß, dass Marie zwischenzeitlich 2 Jungs zur Welt gebracht hat. Stefan, der Erstgeborene, der ihr viel Kraft gab, vor allem als ihr 2. Sohn behindert zur Welt kam. Sie sagte im Skript selber, dass sie es ihrem Großen viel zu selten gezeigt hat, dass dieser aber immer geduldig war und sich nie beschwerte.

Ihr Mann, weiterhin Alkoholiker, drohte bei jedem weiteren Streit mit Selbstmord, doch mittlerweile war Marie soweit, dass sie ihm dies nicht mehr glaubte. Er hatte zu oft gedroht, sich irgendetwas anzutun, es verlor seinen Reiz und somit bot sie ihm eines Tages kurz vor Weihnachten Paroli. Sie sagte ihm, er solle aufstehen und sich nicht immer denken, mit einer Entschuldigung und leeren Versprechungen, eine Therapie zu beginnen, würde es reichen und sie würde immer wieder zu ihm zurückkehren. Sie sprach gestärkt durch eine unsichtbare Kraft und drohte ihm mit Trennung!

Ich werde mich mit meinen Worten wieder zurücknehmen und werde in die Schreibweise von Marie übergehen!

Da bald Weihnachten vor der Türe stand und sie es friedlich erleben wollte, legte sie nach etlichen Wochen die Streitigkeiten bei. Peter versprach ihr wieder alles, ob er es dieses Mal hält, Marie glaubte ihm nicht. Sie sprachen, allerdings nur das Nötigste. Die Kinder verbrachten die meiste Zeit in ihren Zimmern, weil sie nicht verstanden, was da gerade los war. Es war sehr schlimm für sie, aber Marie fand nicht die richtigen Worte, um es ihnen zu erklären. So schwieg sie und ließ ihre Kinder mit ihrem Kummer alleine.

So kam der Heilige Abend. Der Tannenbaum war geschmückt und die Geschenke für die Kinder waren verpackt. Stefan hatte sich so sehr eine Ritterburg gewünscht und Daniel sollte ein Dreirad bekommen. Peter hatte sich wie jedes Jahr für die Spätschicht gemeldet und so sollte die Beschwerung erst am nächsten Morgen stattfinden. Deshalb hatte Gerda sich für den Abend mit ihren Eltern verabredet, um mit ihnen und den Kindern gemeinsam in die Kirche zu gehen. Da ihr Vater seinem jüngeren Kollegen frei gegeben hatte, damit dieser am Heiligen Abend bei seinen Kindern sein konnte, ging auch er arbeiten. Er verabschiedete sich mittags von seiner Frau und fuhr los.

Die Messe besuchte Marie dann mit den Kindern und ihrer Mutter. Die Messe war sehr schön, da sie auf die Kleinen ausgerichtet war. Gegen 17 Uhr war sie aus und die beiden Frauen machten sich auf den Heimweg. Als sie dann vor Maries Türe standen, fragte sie ihre Mutter, ob sie nicht noch mit reinkommen mag. Diese verneinte und sagte: „Ich muss noch kochen. Wenn Dein Vater dann von der

Arbeit kommt, können wir gemeinsam essen!" Sie wünschten sich noch ein „Frohes Weihnachtsfest" und dann trennten sich ihre Wege.

Als Gerda mit den Kindern im Haus war, zogen sie ihre Jacken aus und machten den Fernseher an und zeitgleich auch die Lichter am Tannenbaum, damit wenigstens etwas Weihnachtsstimmung aufkam. Da klingelte das Telefon!

Sie nahm ab und hörte, dass Horst-Peter am anderen Ende war. Er sagte ganz leise: „Kannst Du schnell kommen? Es ist was Schlimmes passiert!" Bevor Marie überhaupt fragen konnte, was los sei, hörte sie ihre Mutter schreien. Dann war sie schon am Ende ganz nah zu hören: „ER IST TOT! Papa ist tot…" und dann wurde der Hörer aufgelegt.

Marie ließ alles fallen, lief auf die Straße und schrie ganz laut, ohne daran zu denken, dass sie jemand hören könnte. Sie bemerkte nicht einmal, dass sie barfuß war. Marie lief hin und her, sie wusste nicht, was zu tun ist. Als sie dann wieder zu sich kam, eilte sie ins Haus, nahm die Kinder und lief zu ihrer Mutter. Dort angekommen, waren alle anderen auch schon dort. Mit Tränen überströmt sah sie ihre Mutter und sagte: „Das kann nicht sein! Er kann nicht tot sein. Er kann uns nicht doch nicht alleine lassen!" Ihre Mutter fand keine Worte für ihre Kinder. Sie selbst zu schwer geschockt über das, was passiert ist. Immer wenn jemand starb, war es um Weihnachten! Als Marie sich etwas beruhigte, rief sie Peter auf der Arbeit an. Unter Tränen erzählte sie ihm, was zu Hause passiert sei und er kam sofort nach Hause.

Die ganze Nacht saßen sie alle zusammen und jeder trauerte für sich selbst vor sich hin, Niemand konnte etwas sagen, zu tief saß der Schock. Außer die Mutter, die immer wieder stammelte: „Ich will ihn nochmal sehen! Wo haben sie ihn nur bloß hingebracht?" Horst-Peter fuhr dann mit der Mutter zur Firma, in der er selbst auch arbeitete, um zu sehen, wo man ihren Vater hingebracht hatte. Dort aber wollte man die Beiden nicht zu ihm lassen. Die Mutter kämpfte aber wie eine Löwin – das erste Mal in ihrem Leben, so erzählte Horst-Peter es später. Die Mutter bestätigte allen den Tod. „Er ist wirklich tot! Er sah so friedlich aus!" Eine schwere Zeit begann, es musste alles geregelt werde. Aber keiner, von allen Vieren, ließ die Mutter alleine. Dann kam der schwerste Weg.

Alle durften ihn noch einmal sehen, somit fuhren sie gemeinsam zur Totenhalle. Der Sarg war geöffnet, er sah wirklich friedlich aus, aber ganz blass – weiß wie eine Wand. Das konnte nicht ihr Vater sein. Marie konnte kaum hinschauen und ihn schon gar nicht anfassen. Sie glaubte immer noch, er würde gleich kommen und alles wäre wieder gut. Dann folgte noch ein viel schlimmerer Tag – die Beerdigung!

Wie in Trance ging Marie mit den anderen zum Friedhof. In der Halle, wo der Sarg aufgebahrt war, musste sie auch noch ganz vorne sitzen. Marie konnte vor lauter Tränen kaum sehen, was für schöne Blumen überall standen.
Es war ein Drama. Auch wenn der Vater ihr damals nicht geholfen hat, als sie so jung und zerbrechlich war, ein kleines unschuldiges Mädchen, liebte sie

ihren Vater über alles und jetzt war er weg – einfach weg. Sie konnte ihn niemals mehr sehen und sich auch nicht mit ihm versöhnen! Sie hatten kurz vor seinem Tode nämlich noch eine Auseinandersetzung gehabt natürlich wegen Peter.

Ich muss mich nochmal einklinken!
Das, was sie nicht hatte bei ihrem Vater, hat sie uns gegeben! Eine Verabschiedung! Und ihr glaubt gar nicht, wie gut diese getan hat. Sie hat sich vor ihrem Tod mit allen versöhnt, die ihr etwas bedeutet haben. Sie hat alles ins Reine gebracht, was ihr auf dem Herzen lag. Sie hat unsere Familie zusammen gebracht und ist erst dann gegangen, als wir es nicht nur ihr, sondern auch uns selbst eingestanden hatten. Kurz darauf, hat sie ihre Flügel gepackt und war weg. Aber nicht plötzlich. Wir haben über sie gewacht. Geschlafen auf Sesseln, Boden, irgendwo, nur nicht zu Hause, nie weit weg von ihr. Selbst einen Kaffee holen, kurz mal gegenüber Essen holen, war schon fast zu viel – für jeden von uns.

Wir hatten Angst, sie alleine zu lassen. Sie wollte nie alleine sterben und das hat sie auch nicht getan. Sie war im Kreise von uns allen! Und das ist sie bis heute…

Auch ich musste bei ihrer Verabschiedung in der ersten Reihe sitzen, was durch einen Zufall passierte. Eigentlich war ich gestärkt und hatte meinen großen Sohn dabei. Den Kleinen haben wir bei der Familie meines Mannes gelassen, die nicht an der engen Familienverabschiedung teilgenommen haben. Ich wollte doch stark bleiben. Ich wusste doch, was kam. Sie hatte alles selbst geplant, uns eingeweiht. Musik, Sarg, der mit selbstgezeichneten Bildern meines Vaters geschmückt war, keine großen Reden etc. Also das schaff ich schon, dachte ich. Bis ich die Halle betrat.

Da kam meine Nichte auf mich zu und äußerte einen Wunsch. Oh Gott! Kind, bist Du wahnsinnig!? dachte ich nur bei mir.

Marie hatte ihr vor ihrem Ableben 2 Gedichte mitgegeben. Eins für unseren Vater – ihrem Bärchen und einen für meinen Neffen – ihrem Seelenverwandten. Diese sollten nicht stumm, wie die Briefe, die jeder erhielt, überreicht werden, sondern auf ihrer Verabschiedung vor allen Anwesenden laut vorgelesen werden. Mein Vater konnte sein Gedicht selbst nicht vorlesen! Luca ebenso wenig!

Somit hat Julia das Gedicht ihres Opas gelesen und ich habe das Gedicht für Maries Sonne gelesen. Um mich 5 Sekunden darauf vorbereiten zu können, habe ich es mir vorher in Ruhe durchgelesen und hatte in der 2. Zeile bereits die Augen so tränenerfüllt, dass ich nichts mehr lesen konnte. Aber ich werde das schon schaffen. Als ich es fertig gelesen hatte, bemerkte ich, dass bereits alle ihren Platz eingenommen hatten und vorne in der ersten Reihe noch ein Platz neben meinem Vater frei war. Diesen nahm ich dann beschämt ein, denn ich wollte weiß Gott nicht in der ersten Reihe sitzen.

Die Verabschiedung begann mit dem Lied „So wie Du warst" von Unheilig. Ich hatte es vorher schon oft im Auto gehört und obwohl sie noch lebte, musste ich da schon bereits daran denken, wie es ist, wenn das Lied auf ihrer Beerdigung läuft. Es war ok, ich sang leise mit und merkte, wie ein ständiger kalter Schauer an mir vorbei zog. Sie verabschiedete sich von allen – von jedem einzelnen, der anwesend war! Sie schenkte jedem einen letzten Kuss und das tat gut! Danach hielt unser Vater eine kurze Ansprache, der dann die beiden Gedichte folgten.

Ich starrte auf den Zettel, zitterte, wusste, wenn ich hochsehe und meiner Mutter oder meinem Sohn in die Augen schaue, dass ich losheule und mich niemand mehr verstehen wird. Ich las es, wie in der Schule und gab danach den heiligen Zettel an Luca, gab ihm einen Kuss auf die Stirn und setzte mich wieder.

Dann weinte ich, aber nicht wegen des Gedichtes, sondern weil nun das Lied folgte von Andreas Gabalier „Amoi seg ma uns wieder" und mein Vater neben mir seinen Tränen freien Lauf ließ! Dieser leichte Wind, mal kalt, mal lau, ließ nicht nach. Jetzt war sie da, sie versuchte ihn zu trösten, aber das ging nicht. Sie stärkte ihn, so dass er kurz nach dem Lied, tief durchatmete und sich ein weiteres Mal nach vorne wagte, um darum zu bitten, sich leise von ihr zu verabschiede. Dann verließ er den Raum.

Mein Sohn kam zu mir, er weinte so fürchterlich und schmiegte sich an mich. Wir sagten nicht viel, wir lagen uns nur in den Armen. Meine Mutter ging kurz an den Sarg, streichelte Philipp, gab mir einen Kuss und verließ dann auch den Raum. Zwischenzeitlich hatte sich meine Schwester auf den Platz meines Vaters gesetzt. Nachdem Philipp gegangen war, tat zunächst keiner von uns etwas. Dann nahm sie meine Hand und sagte: „Komm, wir zeigen ihr, dass wir das alles nicht nur so gesagt dahin haben!" Sie drückte meine Hand und wir gingen gemeinsam zum Sarg, den wir nun genau ansahen, die Bilder, den Engel, der über sie wachte und berührten ihn. Wir gaben ihr einen letzten Gruß und gingen dann auch aus dem Raum, der schon fast vollständig geleert war. Ich wäre wahrscheinlich solange sitzen geblieben, bis mich irgendwer rausgebeten hätte. Ich wartete darauf, dass die Türe von nebenan aufging und sie lächelnd rein kommt und mit ihrem lang gezogenen „Heeeyyy! Was ist denn hier los? Mir geht es doch gut!"

Draußen standen dann meine Brüder, die Julia und mir auf die Schulter klopften und ihren Respekt aussprachen, für die Vorlesung der Gedichte.

Im Nachhinein war es gut, dass ich erst kurz vorher davon erfuhr. Julia hatte die Gedichte schon länger in ihrem Besitz und musste auch schon länger damit kämpfen. Ich nur 5 Minuten und dann war es auch schon wieder gut! Trotzdem weiß ich, wenn ich hochgeguckt hätte, hätte ich nicht eine Silbe mehr loswerden können.

Als der Pastor die Ansprache hielt und alle zusammen ganz langsam zu der Stele gingen, an der er begraben werden sollte, war es der letzte gemeinsame Weg, den sie zusammen gehen werden. Als der Sarg hinunter gelassen wurde, brach Marie in sich zusammen. Ihre Mutter, die an dem Tag so stark und gefasst wirkte, fing sie gemeinsam mit Raimund auf. Es waren die schlimmsten Minuten ihres Lebens, obwohl sie schon so viel Schlechtes erlebt hatte.

Als die Beileidsbekundungen endeten, gingen sie alle nach Hause. Die Geschwister des Vaters waren alle gekommen. Sie setzten sich alle an den Tisch und tranken Kaffee. Nur Marie saß ganz alleine, ohne Jacke auf der Terrasse. Sie zitterte vor Kälte und schaute in den Himmel. Sie wollte und konnte es nicht verstehen, dass Gott so etwas zuließ. Ihre Seele blutete aus und niemand vermochte es zu stoppen.

Jeder Tag war eine Qual für sie. Jeder Gang zum Friedhof war ein schwerer Gang und deshalb entschloss sie für sich selber, nicht mehr dorthin zu gehen. Dies gefiel ihrer Mutter überhaupt nicht, denn schließlich war es eine Pflicht, täglich das Grab ihres Vaters zu besuchen. Marie konnte dies aber nicht, denn sie konnte es nicht aushalten, am Grabe zu stehen. Sie konnte nicht einmal beten.

Dafür war sie täglich bei ihrer Mutter, die nicht alleine in dem großen Haus sein wollte. Somit ging sie jeden Morgen dorthin und abends wieder Heim. Einmal bekam ihre Mutter in beiden Händen Krämpfe und Marie wollte einen Arzt holen, doch dies wollte die Mutter nicht. Sie entschloss sich kurzfristig, mit den Kindern lieber über Nacht zu bleiben.

So konnte es aber nicht ewig weitergehen, denn ihr eigener Haushalt litt unter der Situation und es gab deshalb auch immer wieder Streitigkeiten mit Peter. Sie war aber nun mal die Einzige, die in der Nähe war. Raimund und Marianne waren zu weit weg, Horst-Peter und Lieselotte hatten den kleinen Markus, der so krank war und Sieglinde war noch zu jung. Auch dauerte es so lange, bis die Rente für den Vater durch war und so teilten sich Horst-Peter und Marie die Hausarbeiten.

Es wurde dann zusammen gekocht und die Mutter hatte Abwechslung mit den Kindern. Aber trotzdem blieb das meiste an Marie hängen. Arztgängen, zur Bank fahren. Alleine fahren wollte die Mutter nicht, obwohl sie einen gültigen Führerschein besaß. Eines Tages fasste Marie aber Mut und wollte mit ihrer Mutter sprechen.

Am Nachmittag saßen sie bei einer Tasse Kaffee zusammen und Marie fing einfach an: „Mama, so kann das nicht weitergehen. Wenn Du nicht alleine bleiben möchtest, dann komm zu uns! Wir richten Dir ein Zimmer ein, dann bist Du nie alleine." Das wollte die Mutter aber nicht. „Dann musst Du das Haus abgeben. Horst-Peter würde es doch nehmen."

Nach tagelangem Überlegen, willigte sie dann schließlich ein. Ein Aufatmen ging durch Maries Körper, endlich wurde alles gut.

Alle wurden zusammen gerufen und waren einverstanden. Horst-Peter zog mit in das Haus ein und die Mutter war nicht mehr alleine.

Marie kam aber trotzdem weiterhin mit ihrer Trauer nicht klar. Oft stand sie nachts auf, stand auf der Terrasse und schaute in den Himmel. Zählte die Sterne und dachte, ob ihr Vater nun auch ein Stern sei oder ob er wohl ein Engel sei. Viele Male fühlte sie sich ich ganz nah. Sie sah sein Gesicht vor sich und fragte ihn in ihren Gedanken, was sie tun solle, mit ihrem Leben. Er solle ihr ein Zeichen geben, früher hatte er ihr doch auch immer einen Rat gegeben, auch wenn sie ihn nicht immer verfolgte. In ihrer ganzen Verzweiflung, setzte sie sich eines Abends hin und schrieb ihm folgendes Gedicht.

Mein Vater!

Du warst mein Vater, ein stattlicher Mann,
Oft unnahbar und oft ganz nah dran.
Im Herzen sehr schlossen, denn meist war es zu.
Ich konnte es nicht öffnen, war ich zu dumm dazu.
Hast oft Dich gequält in Deinem Leben
doch uns immer geliebt, auf Deinen harten Wegen.
Hast geschuftet, von morgens bis spät in die Nacht,
warst oft nicht bei uns, hast aber stets an uns gedacht.

Doch eins sollst Du wissen, ich habe Dich sehr lieb,
ich vermisse Dich immer, auf meinem Weg.
Denn von Dir lernte ich zu achten und zu überlegen.
Du gabst mir Kraft,
die habe ich noch heute.
Das hast Du geschafft!

Drum danke ich für alles, was Du mir gabst
und sehn wir uns einst wieder,
fall ich in Deinen Arm!

G.W.

Das half Marie ein wenig mehr, die schlimmen Gedanken zu vertreiben. Bei ihr zu Hause aber war es die Hölle.

Peter rastete wieder immer öfter aus, wenn er von seinen Sauftouren nach Hause kam. Er beschimpfte sie als Schlampe und als Hure. Er war so grausam. Wie konnte er immer nur so etwas zu ihr sagen, sie ging doch nirgendwo hin, außer zur Arbeit.

Eines Tages als er von der Arbeit kam, Marie hatte ihn nicht gehört, stand er plötzlich hinter ihr. Sie putzte gerade die Badewanne aus. In der gebückten Stellung, riss er ihr sofort die Hose herunter und fiel über sie her. Sie hatte keine Möglichkeit, dem zu entfliehen. Er war so brutal und sie schrie vor Schmerzen laut auf. Das aber interessierte ihn nicht und er sagte nur: Du bist MEINE Frau und ich kann mir immer und überall nehmen, was mir zusteht!" Nachdem er fertig war, zog sie sich an und ging nach unten. Sie war froh, dass die Kinder nicht zu Hause waren und dieses Schauspiel miterleben mussten. Sie hätte ihm am liebsten die Augen ausgekratzt, doch sie verhielt sich ganz ruhig.

Sie trank einen Kaffee, zog dann eine Jacke an und ging zu ihrer Mutter. Jeder Schritt, den sie tat, schmerzte. Sie hatte das Gefühl, jemand hätte ihr mit einem Messer in den Genitalbereich gestochen. Ihre Mutter merkte sofort, dass etwas passierte und glaube nicht richtig zu hören. Sie war bestürzt über das Verhalten von Peter, aber eine schnelle Lösung des Problems hatte sie auch nicht, denn sie selber musste so etwas nie erleben.

Marie musste schweren Herzens die Kinder vom Kindergarten abholen, Stefan durfte den Kindergarten heute nochmal als Schulkind mit seinem kleinen Bruder besuchen. Zu Hause angekommen, war Peter weg. Er war mit dem Auto unterwegs. Als er spät am Nachmittag wieder kam, bat er die Kinder nach oben zu gehen, er wollte sich gerne mit Marie bei einer Tasse Kaffee unterhalten. Aber Marie hatte keine Lust mehr, sich zu unterhalten. „Rede mit wem Du willst. Ich brauche Deine Entschuldigungen nicht mehr. Was zu viel ist, ist zu viel!" Sie weinte noch nicht einmal mehr, ihr Herz war so versteinert, um sich selbst zu schützen. Er aber ließ nicht locker und sagte: „Ich war nochmal bei Monika, der Suchtberaterin. Sie ist der Meinung, ich muss eine Therapie machen oder wenigstens in eine Gruppe gehen!" Marie hörte sich alles an und antwortete: „Mach, was Du willst, ich werde es mir überlegen, wie es mit mir und den Kindern weitergeht." Peter wollte dies aber nicht hören und sagte: „Ich rufe Monika nochmal an, dann kannst Du selber mit ihr reden!" Und das tat er dann auch. Er gab Marie den Hörer und Monika bestätigte ihr, dass Peter am Nachmittag bei ihr gewesen sei. Der liebe Mann glaubte allen Ernstes, dass die Sache damit erledigt sei. Er bettelte noch mal und bat sie inständig, ihn nicht zu verlassen.

Sie konnte und wollte das nicht mehr hören. Wie oft musste sie sich seine Entschuldigungen anhören? Sie wusste selber nicht, weshalb sie nicht einfach ging. Aber Peter hatte das Talent, sich immer leidig zu entschuldigen, wenn große Feste ins Haus standen. Zu der Zeit war es die Kommunion von Stefan. Also lenkte sie noch einmal ein, um ihrem Sohn nicht auch noch die Kommunion zu verderben.

Peter trank keinen Tropfen Alkohol mehr und dadurch kam es zu einem Entzug. Er wollte nicht ins Krankenhaus, aber ein Arzt musste trotzdem kommen, um Ihnen zu helfen. Er machte den Entzug zu Hause. Nun hatte Marie nicht nur die Kinder, die Vorbereitungen für die Kommunion, sondern auch noch das am Hals.

Schwitzend und zitternd lag Peter tagelang im Bett, er kotzte und schrie und manchmal musste Marie sich sogar auf ihn setzen, um ihn vor sich selber zu schützen. Es war grauenvoll und der Anblick fast unerträglich. Nach etlichen, ungezählten Tagen, wurde es dann endlich etwas besser. Das Gift musste langsam aus seinem Körper verschwunden sein.

Damit er wieder zu Kräften kam, zwang Marie ihn, löffelweise Suppe zu essen, obwohl ihr Kopf ihr etwas anderes sagte. „Lass ihn doch verrecken! Er ist es überhaupt nicht wert, dass Du so viel für ihn machst!" Aber sie tat es, so sie immer alles für ihn tat.

Nach weiteren 2 Wochen ging es ihm dann auch wieder so gut, dass er versuchte Marie so gut es ging bei allem zu helfen. Er fuhr sogar mit einkaufen, denn es war noch so viel für das Fest vorzubereiten. Marie hatte zum Glück einen Koch gefunden, sie musste sich nicht alleine in die Küche stellen und kochen. Die Kuchen backte ihre Mutter für sie und so wurde es doch ein schönes Fest. Stefans Patenonkel und seine Frau hatten ihm einen tollen Anzug gekauft, mit allem Zubehör und in dem sah er aus, wie ein kleiner Mann. Sie feierten 3 Tage lang und Marie war zufrieden.

Das gute Gefühl hielt allerdings nicht lange an, denn die Firma, in der sie putzte, löste ihren Standort auf und somit war ihr Job weg. Peter gefiel das gar nicht und er sagte: „ Dann musst Du schnell etwas neues suchen! Wir brauchen das Geld!" – „ Ach ja", sagte Marie. „Wie wäre es denn bei Dir mit einem anderen Nebenjob? Das Ding mit den Versicherungen ist ja wohl nichts! Außer Spesen nichts gewesen!" – „Ich bin krank, ich kann nicht!" gab er ihr als Antwort, verließ die Küche und ging in den Keller.

Marie verschwendete keinen Gedanken daran, dass der ganze Keller noch voller Restalkohol vom Fest stand. Schließlich war alles in bester Ordnung, auf den Alkohol bezogen.

Da hatte sie sich aber gewaltig getäuscht. All die Mühen und Qualen der letzten Wochen waren umsonst. Wie Perle vor die Säue geschmissen. Peter hatte sich total zulaufen lassen. Er lag im Keller auf dem Boden und wusste nicht, wo er war. Sie ließ ihn liegen, denn sie war nur noch wütend. Wütend auf ihn und auf sich selber, weil sie diesem Dreckskerl wieder einmal geglaubt hatte. Sollte jetzt wieder alles von vorne losgehen? Jeden Tag bangen und zittern, ob er nun nach Hause kommt oder nicht und abwarten, wie er sich dann verhält.

So saß wieder Nacht für Nacht am Küchenfenster und wartete, oft auch auf die Polizei, die ihr dann mitteilen würde, ihr Mann sei tot. Manchmal wünschte sie sich dies auch. Aber er kam immer irgendwann, brach einen Streit vom Zaun und lief ihr durch das Haus hinterher und schrie sie an. Einmal riss er ihr den Bademantel auf, warf sie aufs Sofa, ließ seine Hose runter und steckte sein steifes Glied in ihren Mund. Das war für sie so ekelhaft, dieses Schwein hatte ihn nicht mal gewaschen. Am liebsten hätte sie ihm das Ding abgebissen. Solche Dinge weckten alte Erinnerungen und somit schaltete sie ihren Kopf ab und entschwand in ihre Welt.

Als er endlich von ihr abließ und sie seinen schweißnassen Körper und sein hämisch grinsendes Gesicht sah, lief sie ins Bad und kotzte sich die Seele aus dem Leib. Von dieser Nacht an, verschwand sie wieder in ihrem Schneckenhaus. Sie konnte nichts essen, denn sie ekelte sich vor allem und am meisten vor sich selber. Das hatte zur Folge, dass sie rapide an Gewicht verlor.

Eines Tages, die Kinder waren oben in ihren Zimmern und spielten, fasste sie ein zweites Mal den Entschluss, ihrem Leben ein Ende zu bereiten. Sie holte die Tabletten, denn davon hatte sie genug, ging in die Küche, nahm sich ein Glas Wasser und stellte sich vor die Spüle. Ein letztes Mal schaute sie sich um, dachte an ihre Kinder, die sie sehr liebte und bat sie in Gedanken um Verzeihung. Marie schloss die Augen und wollte gerade die Hand v oll Tabletten mit dem Wasser in ihren Mund nehmen. Sie war schon in eine andere Welt versunken und hört von weitem ihren Sohn Daniel rufen, der die Treppe runtergerutscht kam: „Mama, Mama! Was machst Du da?" Zu Tode erschrocken, ließ sie alles fallen. Das Glas fiel in die Spüle, die Tabletten verteilten sich auf dem Küchenboden. Sie drehte sich um, schaute ihrem Sohn in Gesicht und stotterte: „Es ist alles gut, mein Schatz! Mama hat Kopfschmerzen!"

Schnell musste sie ihre Fassung wieder finden, denn die Tabletten waren für die Kinder sehr gefährlich. Sie kroch auf der Erde herum, um alle gefallenen Tabletten einzusammeln. Daniel lachte nur und sagte: „Mama, ich habe Dich lieb!" Sie fing sofort an zu weinen und brach in der Küche zusammen. Daniel robbte zu ihr rüber, nahm sie in den Arm und versuchte sie zu trösten. Gleichzeitig rief er Stefan nach unten. Dieser kam schnell und der kleine Kerl hatte sofort gemerkt, was mit seiner Mutter los war. Sie lagen alle drei auf dem Boden, umarmten sich und Marie bemerkte, dass ihre Kinder doch das wichtigste waren, was sie hatte. So etwas wollte sie nie wieder machen, da schwor sie sich selbst.

Dann kam Peter nach Hause, sah die Situation und sagte mit böser Stimme: „ Was ist hier los? Stell Dich nicht so an – mach Essen!" Die Kinder guckten erschrocken, aber er winkte nur mit seinem Kopf und sie verschwanden beide nach oben in ihre Zimmer.

So ging es jetzt weiter: Peter trank – sie wirbelte herum, um ihn zufrieden zu stellen. Sie wurde immer kraftloser, hatte durch die Nebenwirkungen der wenigen Nahrung, die sie zu sich nahm, Unterleibsschmerzen und die Beine wollten auch nicht mehr so, wie sie es wollte. So ging sie nach einer schlimmen Nacht, nachdem sie ihre Kinder versorgt hatte, zum Hausarzt. Marie konnte kaum laufen, ihr ganzer Körper zitterte, als sie endlich beim Arzt angekommen war.

Als sie endlich dran kam, schaute ihr Arzt sie erschrocken an: „Was ist denn mit Ihnen los?"

„Ich weiß es auch nicht. Ich nehme immer mehr ab, kann nicht schlafen und nicht essen!" log sie. Marie konnte ihrem Arzt doch nicht die Wahrheit erzählen, dafür schämte sie sich viel zu sehr. Viele Untersuchungen musste sie nun über sich ergehen lassen, aber es war alles in Ordnung. Also beschloss ihr Arzt, ihr für eine Weile Beruhigungsspritzen zu geben. Jeden Morgen ging sie dorthin, bekam ihre Spritze und dann ging es ihr gut. Aber sie saß auch öfter einfach nur so da und starrte vor sich hin, was für die Kinder nicht so gut war. Aber die Oma war immer da.

Wieder dachte sie darüber nach, ihren Mann einfach zu verlassen, aber sie konnte nicht. Warum nicht, warum hielt sie diese Qualen nur aus? Es gab für sie keine Antwort darauf. Ihre Albträume hatten sie wieder eingeholt, genauso, wie die Erinnerungen an ihre Kindheit. Tagsüber lenkte sie sich mit allem möglichen ab, aber nachts wurde sie von allem überschwemmt, was sie ertragen hatte und ertragen musste. So verging einige Zeit…

Ich will den Lesern nicht Maries geschriebene Zeilen vorenthalten, möchte das Ganze aber abkürzen und Ihnen „unsere" Geschichte näher bringen!

Marie hat es geschafft, sich von ihrem brutalem Mann zu lösen, sie hat ihr Glück in diesem Mann gefunden, der sie bis zur letzten Minuten mit diesen blauen Augen angesehen hat. Und dieser Mann ist mein Vater. Die Beziehung hielt viele Jahre, ging ebenfalls durch Höhen und Tiefen, wurde aber nicht durch Gewalt bestimmt. Sie konnte sich fallen lassen und hat ebenso andere aufgefangen. So auch uns alle zusammen, wenn wir ehrlich sind!

Es fing alles damit an, dass sie erfuhr, dass sie vom Krebs befallen ist. Leber und Darm waren zunächst von Tumoren befallen. Arztberichte liegen mir vor, muss ich aber nicht ins kleines Detail hier erläutern. Es ist schon zum verrückt werden, wenn man alles genau durchliest und man merkt mit ein wenig Hintergrundwissen, sehr schnell, dass das Urteil recht eindeutig ist.

Es dauerte Monate, bis die Chemo ihre Wirkung zeigte, so dass die ersten OP´s gemacht werden konnten. Vor der ersten großen OP hatte sie eigentlich schon fast aufgegeben, ich glaube es war der 10. oder 11. Zyklus der Chemo. Wir hatten gerade den Kontakt wieder vorsichtig aufgenommen und es war zu ihrem Geburtstag, als wir sie das erste Mal wieder besuchten. Mit unserem Sohn, der zwischenzeitlich schon laufen konnte und sie mit ebenso blauen Augen anstrahlte, wie der Opa es immer tat. Sie vermisste aber ihren

Seelenverwandten, auf den sie eine Zeit lang auch nicht zugreifen konnte. Nach und nach wurde aber auch dieser Kontakt wieder aufgenommen und sogar ein Urlaub am Meer wurde noch gemacht ☺

Sie hatte das, was sie wollte, ihren Engel! Ihren Sonnenschein, die Luft, die sie zum Atmen brauchte und auch dann fasste sie den Mut und sagte JA zur OP. So hatten wir noch fast 2 schöne Jahre mit ihr.

Ich sollte meiner Tagesmutter kündigen, Oma und Opa wollten auf den Kleinen aufpassen, wenn ich arbeiten war und somit war auch ich unabhängiger und konnte eigentlich arbeiten, wie ich wollte. Selbst zur Chemo wurde er mitgenommen und hat da den Laden aufgemischt. Auch wenn ich anfangs ein mulmiges Gefühl hatte, war es doch schnell so, dass es für uns alle Alltag wurde. Über Tod und alles was mit der Krankheit zusammen hing, wurde offen geredet. Keine Frage blieb bis zum letzten Tag offen, so dass sie beruhigt gehen konnte.

Nein, konnte sie nicht, da war noch was - wir waren noch keine Gemeinschaft! Sie hatte auf alle Zugriff, wir aber noch nicht aufeinander!! Also hatte sie noch einen Auftrag und zeigte uns, was wirklich wichtig ist – nicht Arbeit, Geld, große Häuser, Autos etc. – nein, die Familie ist das Wichtigste überhaupt. Aber wie hat sie es geschafft, obwohl sie doch am Ende so schwach war?

Ich rede heute noch gerne darüber. Ich kann während ich rede nicht weinen, merke aber, dass die, die mir zuhören, Tränen in den Augen haben, obwohl sie sie nicht mal kannten! Während ich dies hier schreibe, kann ich sehr wohl weinen! Während ich ihre Briefe lese, ebenso. Danach geht es mir aber nicht schlecht, danach fühle ich mich ihr wieder verbunden. Wie so oft, seit sie nicht mehr da ist!

Zu dem Zeitpunkt, als sie das zweite Mal auf die Palliativstation eingeliefert wurde, stand fest – sie wird nicht mehr nach Hause kommen! Sie wollte es, sie wollte so sehr zu Hause sterben. Mein Vater hatte Angst in den Augen, Panik davor, was er denn tun sollte, wenn sie zu Hause liegt und stirbt.

Gesehen haben es meine Schwester und ich sofort in seinen Augen, aber wir hatten keinen Kontakt miteinander, hatten nicht mal die Handynummer des Anderen und konnten uns nicht austauschen. Wir wussten aber beide für uns – das geht nicht. Wir lassen sie nicht alleine, aber sie kann nicht zu Hause sterben, das würde er nicht verkraften! Er hat es auch nie gesagt, aber das musste er auch nicht. Er hat vieles nicht gesagt, aber auch ungesagte Dinge bleiben nicht unerkannt und bei sensiblen Menschen schon mal gar nicht.

Meine Schwester ist der Redner, ich der Schreiber, Macher sind wir beide und somit musste eine Verbindung wieder hergestellt werden! Die beiden Brüder waren immer unkompliziert und liefen nebenher, aber die Weiber, sind halt Weiber ;-)

Ich glaube, Marie hat schon früh darüber nachgedacht, wie sie das Ganze dreht, damit es gut ausgeht und hat auf den richtigen Zeitpunkt gewartet.

Als sie im Krankenhaus lag und immer davon sprach, nach Hause zu kommen, wurde auch meine Schwester krank. Ich schrieb eine Nachricht über Social Network, doch wurde diese leider falsch aufgefasst und meine Mutter klemmte sich zunächst dazwischen. Von ihr wusste ich, wie es um meine Schwester stand und wollte ihr die Hand reichen, leider auf dem falschen Weg. Es war noch nicht der richtige Zeitpunkt, um aufeinander zu treffen, also kümmerten wir uns getrennt voneinander um die Situation im Krankenhaus und jeder für sich um die eigene Familie. Meine Familie war damals schon zerrüttet und zu retten war da eigentlich nichts mehr, doch musste ich weiterhin so tun, als sei alles gut, denn das musste Marie nicht auch nicht richten! Darum werde ich mich kümmern, wenn alles überstanden ist!

Entweder war meine Schwester bei ihr oder ich, mein Vater war immer da! Obwohl es keinerlei Absprachen gab, sind wir uns nicht einmal begegnet.

Anfang Dezember 2014, nach meiner Weihnachtsfeier bin ich mit dem Laptop bewaffnet ins Krankenhaus gefahren, um ihr das Video meines Auftritts zu zeigen. Sie wollte eigentlich so gerne sehen, wie ich aussehe, weil mein Vater ihr schon berichtete, was ich auf der Feier tragen werde. Ich wollte auch vor der Feier noch zu ihr ins Krankenhaus fahren, um mich zu zeigen, doch meine häusliche Situation ließ dies nicht zu und somit sah sie mich nur auf Fotos und meinen Tanz auf dem Video. Als ich das Zimmer betrat, verabschiedete sich meine Nichte gerade von ihr.

Sie war mit ihrem Freund kurz reingeschneit und auch wir hatten uns über 2 Jahre nicht gesehen! Wir grüßten uns kurz, sie gingen und ich schaute mit Marie das Video. Sie lachte so herzhaft, sagte mehrmals: „Sie hat es!", weil ich auf dem Video im Body, bewaffnet mit einem guten Körperbau like Cindy aus Marzahn, tanzte wie Beyonce auf „Single Ladies" und mit dem Hintern wackelte. Als wir das Video ein 2. Mal ansehen wollten, ging die Tür und ich sah zum ersten Mal meine Schwester wieder. Ich wusste nicht, wie ich reagieren sollte, sagte nur nüchtern „Hallo!" und wir schauten die 2. Runde mit meinem Neffen an, während meine Schwester auf dem Balkon eine Zigarette rauchte. Dann versagte der Akku und ich musste den PC ausschalten. An dem Tag entschloss ich mich, für sie das Buch zu schreiben. Ihre Zeilen zu nehmen, sie in die richtige Reihenfolge zu bringen und hatte dies auch mit ihr besprochen.

Man sah das Blitzen in Maries Augen. Sie war froh, dass wir beide endlich in einem Raum waren und uns nicht an die Gurgel gingen! Hatten wir auch glaub ich nie vor. Denn ich kann zumindest nicht mehr sagen, weshalb wir keinen Kontakt hatten. Ich weiß nur, dass viele dazwischen gefunkt haben und wir uns viel zu sehr auf Aussagen anderer verlassen haben, als der Anderen einfach mal zu vertrauen und zu fragen „Hast Du Scheiße gelabert?" Das erste Treffen war somit gelaufen und ich fuhr relativ zügig wieder heim.

Das nächste Treffen sollte nicht zu lange auf sich warten lassen und war an dem Samstag bevor Marie starb. Wir machten noch ein Foto, auf dem alle glücklich lachten, auch wenn ich kurz vor dem Foto noch bitterlich weinen musste...

Wir kamen zu dritt ins Krankenhaus und eigentlich sollte es gemeinsam auf den Weihnachtsmarkt gehen. Das war nicht möglich, da sie schon zu schwach war, um sich dem kalten Wetter draußen zu stellen. Also blieben wir alle bei ihr.

Als wir das Zimmer betraten, tummelten sich schon einige Leute um sie herum. Ich war an dem Tag eh schon emotional nicht gerade stark und wusste, dass ich nicht lange meine Fassade wahren kann. Der Raum war proppevoll. Als sie mich sah, noch bevor ich meine Jacke ausgezogen hatte, tippte sie auf ihre rechte Betthälfte und sagte: „Da bist Du ja endlich, dann setz Dich mal, ich möchte Dir was sagen!" Ich sagte nur: „Ich zieh meine Jacke aus!" drehte mich um und konnte die Tränen da schon nicht zurück halten. Aber es war so unangenehm, vor so vielen Leuten, die man so lange nicht gesehen hat, einfach loszuheulen.

Ich nahm mir ein Taschentuch und versuchte mich zusammen zu reißen. Ich ging auf das Bett zu und sah die Schachtel, in der sie die Briefe verwahrte, die sie an jeden von uns geschrieben hatte. Ich wusste von den Briefen, ich kannte die Schachtel, roch das Briefpapier, roch die Tinte und brach in Tränen aus, bevor ich überhaupt saß. Ich dachte, sie wollte mir ihren Brief jetzt schon geben. Das würde ich nicht packen. Ich merkte nicht mehr, was um mich herum passierte. Es war wohl so, dass meine Schwester alle packte und aus dem Raum bat und als ich den Kopf hob, war der Raum leer.

Nur noch wir beide und sie nahm meinen Kopf und führte unsere Nasen zusammen. Wir schauten uns in die Augen, während unsere Nasenspitzen sich berührten, sie beruhigte mich und sagte sanft: „Du brauchst nicht weinen! Ich bin doch noch da! Ich werde nie weg sein! Und denk dran, wenn ich nicht mehr hier bin, geht es mir besser!" Ich konnte aber nicht aufhören zu weinen, antwortete aber schluchzend mit „Mhhh!" und wir umarmten uns. Sie löste die Umarmung und schaute mich an, bat mich inständig aufzuhören. Sie selber vergoss an dem Tag nicht eine einzige Träne. Sie war so stark – wie machte sie das nur?

Sie erzählte mir von dem Brief, den ich erhalten werde, wenn sie ihre Flügel erhalten hat. Sie sagte nichts, gar nichts über den Inhalt des Briefes. Sie wollte nicht zu Lebzeiten über ihre letzten Zeilen diskutieren und sich dafür rechtfertigen, was sie niedergeschrieben hat. Auch wenn ich sonst gerne alles wissen möchte, dies wollte ich gar nicht hören. Ich wollte den Brief am liebsten nie erhalten, weil ich ihn erst bekommen würde, wenn sie tot ist und das wollte ich doch nicht. Es ist schon scheiße, wenn man gar nichts machen kann!

Aber immerhin hatten wir das Glück, dass wir uns genügend verabschieden konnten!!

Nachdem ich mich wieder beruhigt hatte, bat sie mich, zu den Anderen zu gehen, um ihnen mitzuteilen, dass alles gut sei. Ich ging mit verweinten Augen, aber wieder einigermaßen gefasst nach draußen in den Gemeinschaftsraum, wo mich alle ansahen. Ich sagte, dass alles gut sei.

Kurz darauf machten wir dann die letzten Fotos mit ihr!

Auf dem Foto sind wir scheinbar so wenige, aber wir waren alles, was sie wollte!

Es gibt noch so viele verschiedene Fotos mit diesem Motiv, aber das ist das, welches am meisten ausdrückt. Unbedachtheit eines kleinen Kindes, welches auf dem Sterbebett die Zunge rausstreckt, getrocknete Tränen in einigen Augen, lächelnde Gesichter und einen überglücklichen Menschen in der Mitte!

Der Sonntag danach wurde sich wieder getroffen. Es war verkaufsoffener Sonntag in der Stadt und der Opa brauchte dringend eine Brille. Alles musste nun schnell gehen, damit sie sicher war, er ist versorgt. Somit gingen wir Weiber mit ihm eine Brille aussuchen, machten ein Foto, zeigten es ihr, so dass sie vor Fertigstellung der Brille schon einen Haken an die Sache machen konnte. An einige Sachen konnte sie noch keinen Haken setzen, aber es sollte keine Aufgabe offen bleiben.

Der Montag verlief noch relativ ruhig und „entspannt". Jeder ging so gut es ging seiner Arbeit nach. Meine Abteilungsleitung kam an dem Tag auf mich zu und fragte, wie es aussehen würde. Auch da brach ich kurz in Tränen aus und das kennt nun wirklich niemand auf meiner Arbeit von mir. Wir waren aber in einem Raum alleine und sie wusste nicht so recht, wie sie sich zu verhalten hatte. Sie nahm mich kurz in den Arm, gab zu, dass sie mit solchen Situationen schwer umgehen könnte und bot mir an, sobald die Klinik sich meldet, dass es dem Ende zu gehen würde, würde sie mich freischaufeln – SOFORT. Dass dies so schnell in Kraft trat, wusste ich an dem Tag noch nicht. Zunächst sagte ich ihr: „Das ist erstmal nicht so schlimm, aber ich werde mich etwas rausnehmen, wenn sie gestorben ist. Dann dürfen wir unseren Vater nicht alleine lassen und müssen ihn im Auge behalten!" Als ich dann dienstags nach der Arbeit noch einkaufen fuhr und dann ins Krankenhaus, drängte schon die Zeit.

Meine Mutter wurde bereits benachrichtigt, weil Marie sie unbedingt noch sprechen musste. Sie sagte selbst, sie merkt, dass die Kraft nachlässt und wollte bis zum Abend so viel, wie möglich erledigt wissen. An dem Vormittag musste mein Vater und meine Nichte eine Liste abarbeiten, die ihr Bauchschmerzen bereitete und sie drehte im Bett fast durch, weil ihr alles nicht schnell genug ging.

Alles hat seine Zeit und es hat alles wunderbar ineinander gepasst, wenn man es nun – fast ein Jahr später – noch einmal betrachtet. Meine Schwester war auch nur kurz etwas besorgen und stieß wieder auf die Gruppe, die sich so langsam aber sicher im Aufenthaltsraum für Angehörige breit machte. Der Raum war aufgebaut wie ein Wohnzimmer mit integrierter Küche. Alles war vorhanden. Von dort konnten die Raucher eine Terrasse besuchten, wenn die Sucht sie in die Kälte trieb. Als die beiden Schwestern vor Ort waren, brach Hektik aus und ich wusste gar nicht, was los war und worum es sich überhaupt ging. Ich dachte, ich komme ins Zimmer und sie liegt schon schlafend da, so ein mulmiges Gefühl hatte ich.

Mein Vater und meine Nichte gingen ins Zimmer und schickten uns beide dann kurz danach herein. Alle anderen mussten das Zimmer verlassen. Alles, was sie noch zu klären hatte, hat sie mit jedem persönlich gemacht und jedem blieb es selbst überlassen, ob er es draußen erzählt oder ob er es in seinem Herzen behält, was drinnen besprochen wurde. Ich möchte es erzählen.

Sie dirigierte uns ans Bett – ich sollte rechts von ihr sitzen, meine Schwester links. Wir saßen am Fußende jeweils auf dem Bettrand. Sie hielt etwas Weißes in den Händen und jetzt kapierte ich, worum es sich hier ging. Daher diese Hektik! Sie hielt Engel hoch. Jeweils 2 Engelpaare

Sie fing an zu sprechen, während wir mit dem Weinen begannen. „Das sind 2 Engel. Ein etwas größerer, ein etwas kleinerer. Wie zwei Schwestern. Eine Große und eine Kleine. Wie ihr zwei! Ihr seid doch meine Töchter…" und wir vollendeten den Satz schluchzend „…die Du nie hattest!" Wir lachten alle drei kurz, obwohl Michaela und ich zusätzlich immer noch weinten. Sie erzählte weiter: „Die große Schwester hat nicht immer Recht, aber auch die Kleine ist nicht immer auf dem richtigen Weg! Und ihr braucht nicht auf irgendeinen von Euch eifersüchtig zu sein!"

Ich musste es mir oft nachsagen lassen, dass ich eifersüchtig sei, weil ich hier und da mal meine Meinung äußerte, aber ich sagte nichts. Ich sagte auch nichts, als die Therapeutin mich nach dem Gespräch ansprach mit den Worten „ach, Sie sind die Eifersüchtige!" Abgehakt, ich habe nur eine Meinung zu manchen Dingen, deshalb bin ich nicht eifersüchtig auf meine Familie. Ich liebe alle gleichermaßen und würde für jeden mein letztes Hemd geben! Es ist halt wie gesagt, viel erzählt worden, aber niemand schaut, was sich dahinter verbirgt. Heute wissen glaub ich einige, dass vieles, was erzählt wurde, nicht immer der Wahrheit entspricht und wenn doch, hatte es immer einen Grund und auch meine Schwester hat mich mal in Aktion erleben dürfen und an den Gedanken daran muss ich lachen, obwohl auch diese Zeit damals einfach nur zum Heulen war! Es hatte alles einen Auslöser und wenn solche Personen meinen, über mich urteilen zu müssen und mich derart schlecht zu machen, sollen sie es tun, ich bleibe mir treu.

Wir alle haben gelernt!!

Jedenfalls war es so, dass sie uns sagte, wir sollen den Stein (unsere Liebe) beschützen, ihn gemeinsam halten und uns nicht wieder von anderen vom Weg abbringen lassen. Es darf jeder was sagen, aber es soll uns niemand mehr auseinander bringen dürfen! Wir sollen uns nicht bekämpfen und nicht immer versuchen, ständig besser als der andere zu sein.

Bis dahin schauten wir beide nur Marie an. Dann schauten wir uns an und meine Schwester sagte: „Du musst nicht gegen mich kämpfen!" und ich wollte ihr so viel sagen, aber es kam nur krächzen raus. Wir einigten uns darauf, dass wir gleichwertig sind und umarmten uns nach soooooo langer Zeit wieder. Was habe ich ihren Duft vermisst! Dann umarmten wir beide Marie und bekamen jeder unseren Engel geschenkt. Wir beide halten ihn in Ehren und es wird ihm nichts geschehen!

Als wir aus dem Zimmer kamen, es kam einem vor wie eine Ewigkeit, war unsere Mutter bereits angekommen und erwartete uns im Wohnzimmern, welches direkt gegenüber des Zimmers lag. Sie sah die Engel und fing auch sofort an zu weinen. Durch den Türschlitz sah und hörte Marie unsere Mutter und verlangte umgehend nach ihr!

Was dann geschah, wusste zunächst auch unsere Mutter nicht. Sie sollte alleine ins Zimmer und außer, dass eine Entschuldigung ausgesprochen wurde, wissen wir nicht viel über dieses Gespräch. Es hat beiden Frauen gut getan, nach jahrelangem Streit, wurde in wenigen Minuten alles ins Reine gebracht, was sie Tage zuvor eigentlich schon per Telefon erledigt hatten. Aber Marie musste es Auge in Auge klären.

An dem Tag entschlossen wir uns, alle die Nacht in diesem Wohnzimmer, bei ihr zu verbringen, denn nach weiteren Verabschiedungen, die sie an diesem Tag noch hinter sich brachte, war sie an dem Abend schon so schwach, dass sie kaum noch reden konnte. Ihre Haut fing bereits an, sich zu verändern und auch an anderen Symptomen konnte man erkennen, es wird nicht mehr lange dauern. Ich klärte sofort auf der Arbeit alles ab und nahm das Angebot doch an, meinen vielen Überstunden endlich einen Sinn zu geben und hatte den Rest der Woche frei!

Sie schaffte es, uns ganze 5 Tage und 4 Nächte im Krankenhaus zu sammeln. Trotz Gespräche, die sie mit uns geführt hatte, wusste sie, sie könne noch nicht gehen. Sollte sie zu früh gehen, wird die

Gemeinschaft auseinanderbrechen, anstatt zusammen zu wachsen. Am nächsten Tag kamen unsere Brüder noch hinzu, um sich auch zu verabschieden. Ihr Sohn Stefan war selbstverständlich ebenfalls die ganze Zeit anwesend und ihre Familie kam auch regelmäßig vorbei. Da sie nicht im Ort wohnten, fuhren sie auch abends wieder heim, standen aber auch am nächsten Tag wieder bereit, da sie nichts gehört hatten. 2 Tage ging es bei ihr im Zimmer immer ein uns aus, wir ließen sie keine Sekunde alleine, ging einer raus, ging der nächste rein, so dass immer 2 am Bett bei ihr waren. Jedes Mal, wenn sie somit die Augen öffnete, sah sie, sie ist nicht alleine! Ein fester Bestandteil war mein Neffe, der zwar weinte, aber sobald sie die Augen öffnete für sie stark war. Er strahlte sie an, verstand alles, was sie sagte, auch wenn wir schon längst kein Wort mehr verstanden.

Mein Leben

Du bist mein Leben,

Du bist mein Licht.

Alles würd ich Dir geben,

mein Leben und das Licht.

Die Luft, die ich atme

vergesse ich nicht.

Mein Herz gehört Dir

Meine Seele dazu.

Du bist die Sonne

Und die Strahlen in mir.

Er war der einzige, der nicht mal zum Kleidungswechsel das Krankenhaus verließ. Nur ein einziges Mal, aber das war ihm schon sichtlich unangenehm, so lange nicht bei Oma gewesen zu sein. Seine Kräfte waren auch schnell aufgebraucht, denn er war ja für sich und für Oma stark und er war erst 13! So hielten wir Rücksprache mit der Therapeutin, die uns ebenfalls beobachtete und uns begleitete und entschlossen, dass es besser sei, dass er nicht ständig an ihrem Bett hockt, sondern aus der Ferne für sie da ist. Die Therapeutin erkannte, dass er sie jedes Mal wieder zurückholt, wenn sie die Augen öffnete und ihn sah. Es war nicht böse gemeint, aber er gab ihr das Gefühl, es sei noch nicht der richtige Zeitpunkt. Sie sah den Weg nicht mehr, wenn er davor saß. Als die Therapeutin langsam und leise, aber auf seiner Ebene mit ihm redete, verstand er sehr schnell und weigerte sich keinen Moment, Oma noch länger leiden zu lassen.

Er verabschiedete sich ganz in Ruhe von ihr. Sagte ihr, sie könne gehen, er würde sie aber nicht alleine lassen.

Die Therapeutin hatte ein tolles Buch. Dieses Buch enthielt Karten und zu jeder Karte, die einen Oberbegriff hatte, gab es in dem Buch dann die passende Geschichte, die nicht länger als eine Seite war. Diese Geschichten enthielten so viele Dinge und irgendwie passten sie immer zu jedem, der gerade beim Vorlesen im Raum war. Ich war anwesend und habe eine einzige Geschichte mitgehört. Die letzte Geschichte, die Marie bewusst mit anhörte. Danach zog mein Vater und auch Luca eine Karte und so durften sie ihre eigene Geschichte anhören.

Die letzte Geschichte begleitete uns auch nach ihrem Tode. Weit vor dieser Zeit – gute 1,5 bis 2 Jahre zuvor – organisierte sie bereits ihre Beerdigung. Suchte eine Karte aus, den Text dazu und als ich die Karte sah, musste ich unweigerlich an die letzte Geschichte denken und weinen. Das war ein Wunder, denn sie hatte sich eine Karte in sanftem, fast nicht erkennbar in hellem blau ausgesucht und es sind Fußspuren zu sehen, Spuren im Sand. Und die letzte Geschichte, die letzte Karte, die sie zog war die folgende:

Spuren im Sand

Eines Nachts hatte ich einen Traum:
Ich ging am Meer entlang mit meinem Herrn.
Vor dem dunklen Nachthimmel erstrahlten,
Streiflichtern gleich, Bilder aus meinem Leben.
Und jedes Mal sah ich zwei Fußspuren im Sand,
meine eigenen und die meines Herrn.

Als das letzte Bild an meinen Augen
vorübergezogen war, blickte ich zurück.
Ich erschrak, als ich entdeckte,
dass an vielen Stellen meines Lebensweges
nur eine Spur zu sehen war.
Und das waren gerade die schwersten Zeiten meines Lebens.

Besorgt fragte ich den Herrn:
Herr, als ich anfing, Dir nachzufolgen,
da hast Du mir versprochen,
auf allen Wegen bei mir zu sein.
Aber jetzt entdecke ich,
dass in den schwersten Zeiten meines Lebens
nur eine Spur im Sand zu sehen ist.
Warum hast Du mich allein gelassen,
als ich Dich am meisten brauchte?

Da antwortete er: Mein liebes Kind,
ich liebe Dich und werde Dich nie allein lassen,
erst recht nicht in Nöten und Schwierigkeiten.
Dort, wo Du nur eine Spur gesehen hast,
da habe ich Dich getragen.

(Margret Fishback Powers)

Diese Geschichte nutzen wir dann auch später als Danksagung, weil sie so viel in uns auslöste und so zu ihr – zu ihrem Leben passte.

Wir hörten gemeinsam die Geschichten, die wir mit warmer Stimme vorgelesen bekamen, wir machten gemeinsam Musik, wir lachten und weinten gemeinsam und wir wuchsen immer mehr zusammen. Wir waren zwar Äste, die in völlig verschiedene Richtungen wuchsen, doch hatten wir alle einen Stamm und um diesen versammelten wir uns und wir merkten erst später, wie intensiv und wichtig die Zeit für uns alle war.

Am letzten Abend war es schon so, dass wir seit Tagen ein Zustellbett in ihrem Zimmer bereitgestellt bekamen und noch ein Zimmer, in dem wir uns frisch machen und uns zu einem Nickerchen zurückziehen konnten. In der vorletzten Nacht schlief ich eine Nacht zu Hause und mein damaliger Mann hielt für mich die Stellung im Krankenhaus. Auch er merkte, wie sehr so etwas an den Kräften zerrte, verstand aber nicht wirklich, was es für einen Sinn haben sollte, sich auf einem Sessel, auf der Erde, mit 3 Personen auf einem 2-Sitzer oder einfach nur einem Stuhl die Nacht um die Ohren zu schlagen. Ich verstand es sehr wohl und war froh, am nächsten Tag meinen großen Sohn im Krankenhaus dabei zu haben. Er wurde von seinem Vater gebracht, der wiederum alles Gute wünschte, aber ebenfalls keinen Bezug mehr zu der Sache hatte und alles eher nüchtern betrachtete.

Philipp sah die Oma zum ersten Mal schlafend, in diesem schwachen Zustand, aber ich glaube, er sah sie mit ganz anderen Augen, als ich. Ich sah ein schwaches Wesen da liegen, das kaum die Augen aufhalten konnte, wenn einer von uns, die täglich um sie herum waren, an ihrem Bett stand. Kam aber jemand, dem sie noch nicht „Tschüß" gesagt hatte, entwickelte sie eine solche Kraft, dass sie sogar versuchte, Worte zu stammeln.

Philipp nahm mich an die Hand und sagte: „Ich möchte jetzt zu Oma!" Ich musste weinen, weil er noch nie Oma zu ihr gesagt hatte. Das Zimmer war noch belegt, es sollten nie zu viele bei ihr sein. Als wir reingingen, fing er sofort an zu weinen. Sie öffnete nach einer Weile die Augen, lachte und sagte ein langgezogenes: „Heeeyyyy!" Schaute mich an und sagte zum gefühlten tausendsten Male: „Was machst Du denn noch hier, Du musst nach Hause zu dem Kleinen!" Philipp ist eher ein Rockzipfelkind und löst sich schwer von Mama oder Papa, wenn diese in der Nähe sind und dies war ja nun eine Situation, die er noch gar nicht kannte. Sein Opa väterlicherseits war zwar verstorben, als er 6 war, aber dies wurde verheimlicht, er wurde ausquartiert und bekam nur gesagt, der Opa ist nun tot und im Himmel. Wie genau es ablief, weiß ich nicht, ich höre es nur aus seinen Erzählungen.

Er setzte sich zu ihr und machte es instinktiv, wie Luca auch, er küsste sie, umarmte sie und gab ihr wieder ein bisschen Kraft mit auf den Weg. Tolle Flügel wiegen halt auch etwas, da braucht man schon Kraft!

Dann schlief sie wieder ein und nachdem Philipp sie lange angesehen hatte, gingen wir wieder raus. Draußen fiel er mir in die Arme und weinte jämmerlich. Jeder, der da war, nahm denjenigen, der aus dem Zimmer kam, in den Arm und tröstete ihn. So auch bei Philipp. Schnell war wieder lachen in der Runde angesagt und schnell haben die Schwestern es so gehandhabt, dass nur noch mein Vater das Zimmer betreten sollte, dafür aber die Zimmertüre immer ein wenig aufstehen sollte. So konnte sie uns hören und bekam alles mit.

Am letzten Abend backten wir mit der Schwester Kokosmakronen, fertigten vorher Eierlikör. Ich fuhr nach Hause, warf 2 Hähnchen in den Ofen, die wir am Abend gemeinsam essen wollten. Mein Vater machte frischen Salat, es gab Kartoffelgratin und für meine Nichte Vegetarisches. Am Nachmittag saßen wir in einer abgespeckten Runde auf der Couch, die Kinder spielten (mittlerweile war sogar ein Laptop angeschlossen) und auch wenn es vorher schon immer Gespräch war, kam nochmal das Thema Weihnachten auf.

Meine Schwester fing damit an, weil meine Mutter bereits vor Tagen davon sprach. Immerhin hatten wir den 20. Dezember und Weihnachten war nicht mehr weit entfernt. Wir uns entschlossen gemeinsam zu unserer Mutter zu fahren und alle dort zu feiern. Alle, außer eine Person, die in ihrem Bett wahrscheinlich Luftsprünge machte, als sie das hörte. Sie wartete bis zum frühen Abend, denn es war noch niemand bei ihr gewesen. Mein Vater ging kurz vor der Zubereitung des Essens zu ihr, streichelte ihr Gesicht, gab ihr einen Kuss auf die Stirn und sagte: „Jetzt hör endlich auf zu leiden!" Die Schwestern hatten Schichtwechsel und jede, die das Krankenhaus verließ, ging vorher in ihr Zimmer und verabschiedete sich.

Kurz vor dem Essen, sagte er: „So noch 5 Minuten, dann können wir alle Essen! Ich geh nochmal kurz zu Oma." und ging noch einmal gucken und kam bleich wieder heraus. Sie hatte es glaub ich geschafft, sie litt nicht mehr. Aber ganz sicher wollte er gehen und schickte eine Schwester rein. Diese Schwester war den ersten Tag nach ihrem Urlaub wieder arbeiten. Niemand, der sie die ganze Zeit begleitete, sollte leiden, diese Schwester hatte den nötigen Abstand, um den Tod festzustellen und uns zu sagen, dass sie wahrscheinlich vor etwa 30 Minuten gestorben sei, kurz nach den Worten, die mein Vater an sie gerichtet hatte. Wir standen wie erstarrt vor der Zimmertüre, als die Schwester aus dem Zimmer kam und sagte, sie würde sie erstmal fertigmachen, bevor wir zu ihr könnten.

Dann fielen wir uns in die Arme, wir weinten, in verschiedenen Kombinationen. Ich ging zu meinem Vater sagte: „Sie hat es geschafft! Sie hat jetzt keine Schmerzen mehr!" Meine Schwester war gerade auf dem Weg zum Bahnhof, um ihren Freund samt Tochter abzuholen und kam um die Ecke. Sie sah uns und wusste sofort Bescheid. Für den Freund eine ganz tolle Situation, da er zum ersten Mal den Eltern begegnen sollte. Alle, die nicht vor Ort waren, wurden per Telefon benachrichtigt. Ich hatte Philipp erstmal zu trösten, der auch in andere Arme fiel und dort Halt suchte. Dann rief auch ich zu Hause an und gab die traurige Nachricht weiter.

Als die Schwester herauskam, durften wir zu ihr. Es wurde Musik angemacht, die mit sanften Klängen unser Weinen begleitete. Duftkerzen standen überall und ein sanftes Licht strahlte auf sie. Sie hatte die Hände gefaltet und alles, was ihr wichtig war – die letzten Fotos, Bilder meines Vaters, Bilder von Luca, haben wir ihr in die Hände gegeben, damit sie sie ja nicht vergisst mitzunehmen.

Es war gemütlich und beruhigend. Mein Vater fing sofort an, die Schränke zu leeren. Das erste, was ihm in die Hand fiel, war die Schachtel mit den Briefen! Er gab jedem seinen eigenen Brief und zunächst öffnete ihn niemand. Jeder für sich hatte seinen eigenen Zeitpunkt und Ort. Meine Schwester wollte ihn eigentlich zu Hause lesen, tat es dann aber doch noch vor Ort.

Ich stand am Fußende, schaute auf Marie, sah, dass sie nun endlich keine Schmerzen mehr erleiden musste und sah wie die beiden Jungs sich rechts und links neben ihr aufs Bett setzten. Jeder nahm eine Hand und sie weinten, sie streichelten sie, als sei sie nur in einem tiefen Schlaf. Sie küssten sie, es war so ergreifend, zu sehen, wie die „Kleinen" uns zeigte, wie einfach es doch eigentlich war. Ich stand immer noch am Fußende und bewegte mich nicht, bis ich runter sah und den Brief in meinen Händen entdeckte. Ich öffnete ihn und las ihn, während die Tränen leise über meine Wangen liefen. Ich kenne nicht den Inhalt der anderen Briefe. Möchte meinen hier aber niederschreiben!

Liebe Nicole,

wie soll man etwas sagen oder schreiben, ohne dass es blöd oder entschuldigend rüberkommt.

Gerade bei Dir, das weiß ich wohl, muss man sehr vorsichtig sein, denn Du bist ein sehr sensibler Mensch. Ich weiß, dass ich Dir damals sehr wehgetan habe.

Da war ein kleines Mädchen und der Papa geht einfach zu einer anderen Frau. Er hat Dich einfach so verlassen, denkst Du.
Das stimmt nicht, denn das weiß ich am besten. Er hat so oft gelitten wie ein Hund.

Das soll keine Entschuldigung meinerseits sein, aber viele blöde Umstände haben dafür gesorgt, dass der Kontakt abbrach.

Deshalb bin ich heute umso glücklicher, dass wir einen Weg gefunden haben. Es hat mir Freude bereitet, mit Euch zusammen zu sein und der Höhepunkt war der kleine Leon. Danke dafür!

In meinem Herzen war immer ein Platz für Dich und ich bin oder wäre gerne mehr für Dich da gewesen, mehr als ich es getan habe.

Deshalb wünsche ich Dir viel Liebe, Glück und Gesundheit, viele gute Gespräche und jeden Tag einmal mit Deiner Familie lachen.

Vergesst mich nicht so schnell

G.

Diesen Brief wollte ich zunächst beantworten, habe es auch getan, aber der PC hat ihn verschluckt, also lassen wir die Antwort einfach zwischen ihr und mir so stehen und sagen einfach mal nichts dazu ;-)

Das Krankenhaus gab uns genug Gelegenheit, uns von ihr in Ruhe zu verabschieden. Jeder durfte sich so viel Zeit nehmen, wie er brauchte. Wir brachen unsere Zelte langsam aber sicher ab, aßen noch die vertrockneten Hähnchenreste, räumten alles auf, ließen noch ein paar kleine Erinnerungen zurück und verabschiedeten uns dann. Am nächsten Mittag sind wir dann nochmal hingefahren, um uns vom Personal zu verabschieden, die am Morgen zu Beginn ihrer Schicht schon bemerkten, dass niemand mehr von uns dort war. Sie weinten mit uns, umarmten uns und baten uns, doch nochmal vorbei zu kommen!

Ich muss zugeben, ich war noch einmal mit meinem Vater da, sonst aber nicht mehr. Wenn dieses Buch geschrieben ist, werde ich aber nochmal hingehen, denn dann wird ein Jahr seit der ganzen Sache vergangen sein und ich möchte wissen, ob es sich immer noch heimisch anfühlt, diese Station zu betreten.

Nach dieser ganzen Geschichte in der wir Teil waren, kam mein Sohn Philipp auf mich zu und bedankte sich noch am Abend ihres Todes. Er bedankte sich, dass er dabei sein durfte, dass er sich verabschieden durfte. Bedankte sich, dass er keine Angst mehr davor haben muss, einen toten Menschen zu sehen. Bedankte sich, dass er mit mir eine Kerze anzünden durfte. Als sein Opa damals starb hatte er Vorstellungen, aber nie die Gelegenheit, zu sehen, ob diese Vorstellungen der Realität entsprechen oder nicht. Und wie er sagt, waren die Vorstellungen nicht gerade schön, von daher konnte er nun sehen, dass es nicht gruselig ist und er fühlte sich, ebenso wie wir alle, nicht eine Sekunde unwohl in ihrer Nähe. Vielleicht lag es daran, dass sie uns zu dem Zeitpunkt noch näher war, als je zuvor.

Die Tage liefen dann nur so an uns vorbei. Ich ging montags wieder arbeiten und erzählte so oft die Geschichte, während alle um mich herum ihre Tränen kaum zurückhalten konnten, war ich bereits dadurch. Wir hatten geweint, wir haben uns verabschiedet, wir haben gemeinsam gelacht, wir haben gemeinsam gelitten, wir haben gemeinsam gelebt und sie hat sich so sehr auf ihre Engelsflügel gefreut! Manchmal merke ich heute noch, dass sie ganz nah ist.

Wie zum Beispiel mit dem Schreiben dieses Buches. Ich habe fast ein halbes Jahr nicht an dem Buch gearbeitet. Seit einem Monat trainiere ich für einen Wettbewerb und habe mit dem Laufen begonnen. Während ich mich anfangs darauf konzentrierte, nicht wegen Luftnot umzufallen, muss ich mir jetzt um meine Atmung keine Sorgen mehr machen. Ich laufe gerne am frühen Abend, die Stern über mir, der Mond leuchtet mir den Weg und die Wolken ziehen über meinem Kopf ihre Bahnen. Da bin ich ihr sehr nah, denn jetzt konzentriere ich mich nicht mehr auf mich, sondern auf das, was um mich herum passiert und das ist teilweise so wunderbar und beeindruckend, dass man es nicht wirklich beschreiben kann, ohne dass ein Außenstehender denkt, ich hätte nicht mehr alle Tassen im Schrank!

Sie hat Flügel und was für welche! Ich habe sie nicht deutlich gesehen, ich weiß aber, dass sie es ist, die mich beim Laufen begleitet, mir ins Ohr flüstert, mich mit dem

Rückenwind nach vorne treibt, während ich denke, ich berühre den Boden gar nicht mehr! Sie leuchtet mir den Weg, wenn ich laufe und wenn ich einmal pausiere, verdecken Wolken umgehend den Mond, so dass ich merke, ich muss wieder Strom erzeugen, damit ich Licht bekomme. Es ist toll und daher laufe ich lieber am Abend, als am Tag, weil ich ihr dann so nah sein kann, wie es nur eben geht!

Seitdem ist noch einiges passiert, schöne Dinge, die sie beeinflusst hat, aber weil es auch da sicherlich einige Leute geben wird, die dies negativ belasten könnten, werde ich darüber nichts schreiben!

Nur zum guten Schluss: Wir sind alle glücklich für uns alleine, aber wir sind auch alle glücklich, dass wir uns haben und wir sind alle glücklich, dass manche sich wiedergefunden haben!

Wir haben vielleicht nicht alles, was wir wollen! Aber zusammen sind wir alles, was wir brauchen!!!!

Und an das gemeinsame Weihnachten feiern, haben wir uns gehalten:

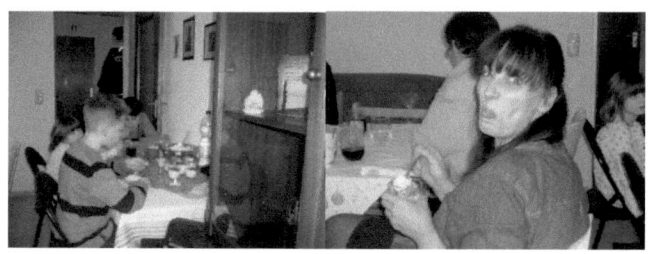

Schlusswort

Auch lange nach ihrem Tod und ihrer Beerdigung begleitet sie uns. Sie besuchte die Kinder im Schlaf und ging mit ihnen auf eine wundervolle Reise und obwohl mein Sohn damals mit 3 Jahren noch nicht begriff, was eigentlich passiert war, erklärte er uns, dass es Oma gut gehen würde. Immerhin trägt sie ein Kleid und sie ist mit ihm geflogen. Das konnte sie da schon ganz gut, meinte er, obwohl sie das noch nicht so lange macht.

Solche und weitere Geschichten verschafften uns allen eine Gänsehaut.

Und so wird sie immer in unserer Erinnerung weiterleben und mitten bei uns sein!

Wir lieben Dich!

Herstellung und Verlag:
BoD - Books onDemand, Norderstedt
ISBN 978-3-7392-1709-3